Erlebnisse von und mit Paragraphenreitern

```
Mehr als siebzig Jahre
als Beamte unter Beamten
```

Eine Sammlung wahrer Begebenheiten von
Karl Werner Garden
ergänzt von Martin & Christian Garden

Karl Werner Garden
Martin & Christian Garden

Erlebnisse von und mit Paragraphenreitern

Bibliografische Information der Deutschen Nationalbibliothek:
Die Deutsche Nationalbibliothek verzeichnet diese Publikation in der Deutschen Nationalbibliografie; detaillierte bibliografische Daten sind im Internet über http://dnb.dnb.de abrufbar.

© Ende der 1980´er Karl Werner Garden (§§ 1 – 61)
© 2023 Martin Garden (§§ 62 - 71)
© 2023 Christian Garden (§§ 72 - 96)

Herausgeber: Christian Garden

Lektorat: Frank Kopatschek

Herstellung und Verlag: BoD – Books on Demand, Norderstedt

ISBN: 978-3-7412-9027-5

Cover-Entwurf von Martin Garden, Ende der 1980´er

Inhaltsverzeichnis

Vorwort von Karl Werner Garden 11
Präambel..12

Karl Werner Garden

§ 1 Wie es anfing 15
§ 2 Anwärter 22
§ 3 Das Geheimnis der verschlossenen Tür..........................22
§ 4 Alarm 24
§ 5 Der Prämienjäger..26
§ 6 Feiertag...27
§ 7 Skatturnier..28
§ 8 Flirts 29
§ 9 Kleidersammlung..30
§ 10 Die Stenoprüfung..31
§ 11 Das neue Geld...32
§ 12 Verwaltungsschule..35
§ 13 Prüfung 37
§ 14 Zwischenspiel..39
§ 15 Preisbehörde...40
§ 16 Bereicherung der deutschen Sprache............................42
§ 17 Fußballtoto 44
§ 18 Das Amt für öffentliche Ordnung 45
§ 19 Was summt denn da?...46
§ 20 Ermittlungs- und Vollzugsdienst 48
§ 21 Ein fetter Braten 50
§ 22 Die Stimme aus dem Jenseits 51

§ 23 Irrwege	52
§ 24 Tag der Arbeit	53
§ 25 Wachstum	54
§ 26 Das Konsum-Haus	55
§ 27 Dienstbesprechung	57
§ 28 Hundesitten	59
§ 29 Isetta oder Goggo	60
§ 30 Goggo	62
§ 31 Milchfrühstück	63
§ 32 Herbert greift ein	64
§ 33 Feuerwehr und Polizei	66
§ 34 Ordnungsliebe	68
§ 35 Der Fall Schulte-Wortelkamp	70
§ 36 Fundsachen	74
§ 37 Einbrüche	77
§ 38 Rechnerei	78
§ 39 Wochenmärkte	80
§ 40 Rot oder Weiß	85
§ 41 Der König ist tod	87
§ 42 Der Major	89
§ 43 Bodenschätze	91
§ 44 Nebenposten	92
§ 45 Nebenamtlicher Dozent	95
§ 46 Pfleger	97
§ 47 Löwen-Bräu	101
§ 48 Privatkino	101

§ 49 Rollender Dienst 102
§ 50 Ari Hellmer 103
§ 51 Geheimtransport 105
§ 52 Offiziell in England 106
§ 53 Rijks-Politie 113
§ 54 Ehrengruß 114
§ 55 Helle Jungs 115
§ 56 Der Boss 116
§ 57 Das Straßenverkehrsamt 120
§ 58 Aufziehende Wolken 122
§ 59 Heimkehr 125
§ 60 Nomen est Omen 130
§ 61 Wie es endete 131

Martin Garden

§ 62 Der erste Tag 133
§ 63 Der Briefumschlag 136
§ 64 Der vielleicht dümmste Mensch der Welt 138
§ 65 Ein Schlüsselmoment 140
§ 66 Ein fesselnder Fall 141
§ 67 Eine ununterbrochene Verbindung 142
§ 68 Das Herz am falschen Fleck 143
§ 69 Die gescheiterte Renovierung 144
§ 70 Mein schlimmster Fall 146

Christian Garden

§ 71 Der Nächste im Bunde 149
§ 72 Niederrheinisches Studieninstitut 150

§ 73 Der erste Ausbildungseinsatz 152
§ 74 Das Beschaffungsamt.. 155
§ 75 Die erste feste Stelle – HeiligAbend –........................... 158
§ 76 Hundesteuer-Marken 160
§ 77 Wohnungsamt Hamborn 162
§ 78 Die Fachhochschule für öffentliche Verwaltung............ 164
§ 79 Bürgersprechstunde 165
§ 80 Der Illegalenbereich 167
§ 81 Duisburgs next Topfmodel...................................... 168
§ 82 Bereitschaftsdienst 169
§ 83 Der Mond ist aufgegangen 170
§ 84 Razzia im Rotlichtmilieu 172
§ 85 Besuch in den illegalen Wettbüros 173
§ 86 Mulmiges Gefühl danach 175
§ 87 UFF, Ich ergebe mich 176
§ 88 Alte Bekannte 179
§ 89 Das Standesamt 180
§ 90 Terminfindungsstörung 182
§ 91 Ambiente-Trauung.. 184
§ 92 Die eigenbetriebsähnliche Einrichtung...................... 186
§ 93 Charmantes Fettnäpfchen 187
§ 94 Nebenamtlicher Dozent.. 188
§ 95 Die modulare Qualifizierung 191
§ 96 Beamte haben auch Hobbys.................................. 193

VORWORT VON KARL WERNER GARDEN

Viele Bücher haben ein Vorwort. Es soll den Leser auf das Kommende einstimmen, ihn vorbereiten auf Unbekanntes oder ihn wissen lassen, warum das Buch geschrieben worden ist. Auch manche Gesetze haben ein Vorwort. Manchmal heißt es dann **„Präambel"**.

- Ein herrliches Wort! -

Ich beschränke mich auf eine Erklärung:

Vierzig Jahre hatte ich als Beamter mit Beamten zu tun.

Wichtigste Erkenntnis:

Beamte sind (auch) Menschen!

Alle Namen von noch lebenden oder schon verstorbenen Personen habe ich so verändert, dass Außenstehende sie überhaupt nicht identifizieren können. Bei den „Betroffenen" ist das leicht. Macht aber nichts! Ich habe sie so beschrieben, wie sie meiner Meinung nach sind oder waren. Kein Wort soll sie beleidigen oder entehren können!

Natürlich gibt es auch unter Beamten „Fieslinge". Sie habe ich einfach unterschlagen! Ich möchte diejenigen herausstellen, die gutartig und humorvoll ihren nicht immer leichten Dienst verrichten oder verrichtet haben.

Außerdem hatte ich mir fest vorgenommen, kurz und prägnant zu schreiben, aber die Freude am Erzählen ging häufig mit mir durch. Vielleicht wird der Bericht dadurch nicht so trocken.

Hiermit möchte ich allen danken, die mir geholfen haben, die vierzig Jahre auszuhalten.

Karl Werner Garden

PRÄAMBEL

Das Manuskript zu diesem Buch hat unser Vater unter dem Pseudonym Carl Werner Ende der 1980´er geschrieben. Auf das Jahr genau weiß das von uns Kindern leider keiner mehr.

Sein Bericht umfasst seine Dienstjahre bei der Stadt Duisburg von 1941 bis 1981. Ergänzt werden seine Geschichten durch weitere Erfahrungen aus der Zeit seit 1989 bis heute durch seine jüngsten Söhne Martin und Christian.

Seine Wortwahl entspricht dem Sprachgebrauch der damaligen Zeit und damit natürlich manchmal nicht mehr dem heutigen Verständnis, insbesondere was die politische Korrektheit anbelangt. Wir haben uns aber dennoch dazu entschieden, die Form nicht sonderlich zu überarbeiten, um die Authentizität der Geschichten nicht zu verändern. Lediglich Begriffe die heute als ehrverletzend empfunden werden könnten haben wir geändert, obwohl aus den Kontext seiner Verwendung dieser Begriffe schnell sehr deutlich wurde, dass er sie niemals ehrverletzend verwenden wollte. Und die anonymisierten Orte haben wir nachträglich wieder benannt.

Drei seiner fünf Kinder sind auch Beamte geworden und sie sind bzw. waren alle Beamte in der Stadtverwaltung Duisburg. Martin, der mittlere Sohn, arbeitet seit der Jahrtausendwende in der Stadtverwaltung Bochum, hat 1989 aber sein Studium in Duisburg absolviert und insgesamt 12 Jahre in Duisburg gearbeitet. Die älteste Tochter Ute ist mittlerweile selbst in Pension und genießt die Ruhe mit ihren beiden Hunden. Der Jüngste der Bande, Christian, arbeitet noch in der Stadtverwaltung Duisburg. An dieser Stelle hätte unser Vater sofort eingeworfen, dass Beamte nicht arbeiten, sondern „nur" ihren Dienst verrichten.

Lediglich die jüngste Tochter Sabine und der älteste Sohn Joachim sind nicht in seine Fußstapfen getreten, sondern haben etwas „Ordentliches" gelernt. Sabine arbeitet als Chef-Sekretärin in einer Senioren- und Pflegeeinrichtung in Walsum.

Joachim war lange Zeit beim Bundesgrenzschutz (heute Bundespolizei) u.a. in der Deutschen Botschaft in Dänemark, wechselte dann aber später in die Wirtschaft und wurde leitender Angestellter in der Industrie.

Heute genießt er seinen wohlverdienten Ruhestand vor allem beim professionellen Minigolfspielen.

Wir Kinder haben die Geschichten unseres Vaters immer geliebt. Viele Ereignisse liegen dabei natürlich auch vor unserer Zeit.

Die Verbundenheit der Familie Garden mit der Stadt Duisburg besteht aber bereits seit Generationen. Im Stammbaum der Familie finden sich z.B: der Duisburger Polizei-Sergeant und spätere Vollziehungsbeamte Theodor Arnold Garden (1861-1936), Bernhard Georg Garden (1926-1990) war kurz vor der Eingemeindung Bürgermeister der Stadt Walsum, heute der nördlichste Stadtteil Duisburgs, der Namensvetter unseres Vaters und Duisburger Verwaltungsangestellte Karl Garden (1932-1987) und viele andere.

Traum unseres Vaters war es damals, die Zusammenfassung der Geschehnisse aus seinen 40 Jahren bei der Stadt eines Tages veröffentlichen zu können. Der Titel des Buches sollte schlicht „Paragraphenreiter" lauten. Martin hatte dazu ebenfalls Ende der 1980'er auch ein schönes Cover gezeichnet (zu sehen auf Seite 5).

Da aber in den letzten 40 Jahren viele Bücher mit diesem Titel erschienen sind, haben wir uns einen abgewandelten Titel überlegt. Wir sind froh, den Traum unseres Vaters nun endlich wahr werden zu lassen. 2024 wäre er immerhin 100 Jahre alt geworden.

Auch wir Kinder können bestätigen: Beamte sind auch nur Menschen.

Aber wenn wir ehrlich sind: Beamte sind schon ein besonderes Völkchen. Sie nutzen gerne Abkürzungen und Fachbegriffe, haben ein eigenes Beamtendeutsch, das Außenstehende nur schwer verstehen und sind auch meist pedantisch gründlich.

In diesem Buch haben wir versucht, eben auch mal die anderen Seiten zu zeigen. Daher wünschen wir nun viel Spaß mit der Lektüre der Erlebnisse, und hoffentlich können wir zeigen, dass auch wir Beamte nur Menschen sind.

Martin Garden   *Christian Garden*

Karl Werner Garden

§ 1 Wie es anfing

Am 1. September 1941 begann für mich der „Ernst des Lebens". Dabei hatte ich eher das Gefühl, dass dieser Ernst endlich hinter mir lag!

Ich musste nicht mehr zur Schule und höchst überflüssige Dinge lernen oder auswendig hersagen können. Es ist ja wirklich eine Qual, das „Lied von der Glocke" zu sezieren und unter dem Thema „Was will der Dichter uns sagen" eine Klassenarbeit zu schreiben! Neben der Mathematik gab es noch eine ganze Reihe von langweiligem Kram!

Endlich war ich davon frei und „Kriegsaushilfs-Angestellter" der staatlichen Polizei. Beamter konnte ich zu dieser Zeit wegen eines Gehfehlers nicht werden, da ich ja niemals eine Uniform würde tragen können. Auch Soldaten tragen und trugen Uniformen, also war dies ebenfalls nichts für mich.

Heute bin ich froh darüber, dass ich den Krieg nur in der Heimat kennenlernte, was auch nicht gerade ein Vergnügen war; aber 1941 wurmte mich das doch mächtig!

Als Siebzehnjähriger war ich ein begeisterter „Nazi", obwohl es diesen Ausdruck damals noch gar nicht gab. Was hatten wir denn anderes gelernt? Heute distanziere ich mich aufs deutlichste, aber es soll ja ein ehrlicher Bericht sein.

Man teilte mich seiner Zeit dem Passamt zu. Das war genau das Richtige für mich! Täglich kam ich mit Franzosen, Italienern und Holländern, den sogenannten „Fremdarbeitern" zusammen.

Die Franzosen hatten es mir besonders angetan. Bei ihnen konnte ich mein Schul-Französisch ausprobieren, obwohl doch gerade sie unsere „Erbfeinde" waren.

Sichtlich erfreut waren sie, wenn ich ihre Anträge auf Erteilung eines Passierscheines aufnahm und nach „Date de naissance", „Domicil en France" oder „Etat civil" fragte!

Oft brachten sie mich aber in Verlegenheit, wenn sie losratterten und ich bekennen musste, dass ich nur „un petit peu" parlieren könne!

In kurzer Zeit konnte ich dieselben Fragen auch den Italienern stellen. Einer war so begeistert, dass er mir ein Päckchen Zigaretten aus dem Urlaub mitbrachte.

Im Passamt, einem größeren Raum, waren neben mir noch drei weitere Polizeibeamte tätig . . . in Uniform. Sie nahmen mein "Gequatsche" mit Franzosen und Italienern nicht gerade gern zur Kenntnis. So etwas schicke sich nicht, wenn andere das Vaterland verteidigten.

Leiter des Passamtes war ein Beamter aus Sachsen, der gegen seinen Willen zu uns versetzt worden war. Ich höre noch sein „Schunge, nich fleeten!", wenn ich so vor mich hin pfiff. Ich bemühte mich, seine Aussprache nachzumachen . . . und das gelang so gut, dass ich noch heute einen waschechten Sachsen nachahmen kann, besonders viel später den Herrn Ulbricht. Viel Zeit für Späße gab es aber nicht.

Eines aber konnte ich mir nicht verkneifen. Der Beamte im Vorzimmer des Polizeipräsidenten hieß so, dass beim Weg lassen des ersten Buchstabens seines Namens „-uff" erschien. Dreimal habe ich klammheimlich den Buchstaben mit einem „P" überklebt. So stand auf dem Türschild „Vorzimmer-Puff". Ich fand das sehr lustig. - Andere, unter ihnen der Polizeipräsident und der Betroffene, schimpften sehr und sprachen von „Ermittlungen". Da ließ ich das lieber!

Als sich die Luftangriffe mehrten, mussten wir häufig alles stehen und liegen lassen und in den Kellerbunker sausen.

Einmal war ich nicht schnell genug und fand die Bunkertür verrammelt vor. Klopfen und Hämmern mit einem Löschbesen half nichts. Wütend schmiss ich den Besen gegen die Tür. „Zufällig" fiel er so, dass die Tür von innen nicht zu öffnen war. Der Besen klemmte zwischen Tür und der gegenüberliegenden Wand! Ich verzog mich in eine Ecke und bei Entwarnung ins Büro zurück. Dort saß ich etwa eine halbe Stunde allein, bis der Bereitschaftsdienst die Tür geöffnet hatte. Niemand kam auf die Idee, mich zu verdächtigen!

Später wurde nachts unser Büro von Bomben getroffen. Wir zogen um und arbeiteten im Büro der Einbürgerungsbehörde.

Eines Tages, am 28. März 1945, noch vor der Kapitulation, konnte ich nicht mehr zum Präsidium fahren. Die Alliierten hatten unsere Stadt zweigeteilt. In der Stadtmitte wurde noch gekämpft, während der Norden, in dem wir wohnten, schon besetzt war.

Der Norden war das heutige Hamborn. Es war einstmals eine selbständige Stadt und wurde im August 1929 „vereinnahmt". Die Gunst der Stunde nutzten die Bürger (zumindest einige) und riefen mit dem Segen der Amerikaner die alte Stadt wieder ins Leben. Sie fanden sogar irgendwo ein altes Siegel, wählten einen Oberbürgermeister und legten los.

Die erste Bekanntmachung forderte alle auf, sich an ihre Arbeitsstellen zu begeben. Ich fühlte mich auch aufgefordert und meldete mich im alten Rathaus bei der „Police", wo ein einzelner Kriminalbeamter am Tisch saß, und der Dinge harrte, die da kommen würden.

Und wie sie kamen! Nach und nach bewarben sich Leute für den Polizeidienst. Die Hälfte davon konnten wir schon deshalb ablehnen, weil mein Chef (der Kripomann) sie von früher kannte! Den anderen verpassten wir Armbinden mit der gepinselten Aufschrift „Police". Einen Teil der Binden hätte man nicht umdrehen dürfen. Der Träger wäre sofort geschnappt worden. „Blockwart" und „Hauswart" war darauf zu lesen.

Außerdem rüsteten wir die Männer mit getippten „Dienstausweisen" aus. Da hieß es u.a.: „Der Inhaber dieses Ausweises ist Polizist und darf bei Ausübung seines Dienstes einen Holzknüppel bei sich tragen".

Unsere Truppe war viel unterwegs. Die Amerikaner hatten die Fremdarbeiter aus den Lagern befreit, und nun zogen diese plündernd und raubend durch die Stadt. Das sollte unsere Polizei verhindern . . . mit ihren Knüppeln! Mit dem Ergebnis, das unsere Kämpen nach Strich und Faden verhauen wurden und das nicht nur einmal!

Unsere „richtigen" Polizei-Beamten waren sofort nach Einmarsch der Alliierten festgenommen und auf freiem Feld interniert worden. Sie haben furchtbar gelitten. Keine Baracken, keine Zelte und so gut wie nichts zu essen. Aber auch dieses Kapitel des Krieges ging zu Ende.

Selbstverständlich trugen auch mein Chef und ich Armbinden und Ausweise.

Zu Hause lachten sich meine Angehörigen schief, aber ich hatte den unschätzbaren Vorteil, während der Sperrstunden auf die Straße gehen zu können.

Vorbeifahrenden MP-Streifen fiel der „Policeman" der einen Gehstock nutzen musste, immer sofort auf. Sie kontrollierten mich gründlich und brachten mich dann aber auf Wunsch auch nach Hause. Ich fühlte mich im Jeep pudelwohl, zumal ich Englisch ziemlich gut sprach. Mindestens eine Tafel Schokolade oder ein Päckchen Chesterfield-Zigaretten bekam ich immer, besonders wenn farbige Soldaten dabei waren.

Eines Abends reagierte eine Streifenwagen-Besatzung ausgesprochen sauer. Sie schnappten mich an dem Tage zum zweiten Mal! Sogar der nette farbige Corporal äußerte Abfälliges über die „Fucking Germans".

Sie brachten mich aber doch nach Hause, wo meine Großmutter öffnete. Als sie die Amis sah, forderte sie mich auf, diese doch einmal zu fragen, ob sie „Ome Henn" kennen würden. Der sei vor zwanzig Jahren nach Chicago ausgewandert. Einer der Jungs verstand etwas deutsch und lachte sich halbtot. Da war der Bann gebrochen, und mir wurde verziehen. Die „Grandma" wurde „gebusselt" und bekam etliche Konserven mit Fleisch geschenkt. Das war mir eine große Lehre.

Von da ab kundschaftete ich vor meinen Rundgängen immer aus, ob ein Wagen schon einmal durch unsere Straße gefahren war. Immer hin waren Schokolade und Zigaretten überlebenswichtig.

Dann aber ging es los mit der Entnazifizierung. Auch ich musste einen riesigen Vordruck ausfüllen. Ich habe da wohl Fehler gemacht, vielleicht wollte ich die Amis auch nur ärgern, denn ich war vom Endsieg immer noch überzeugt.

Die Auswertung des Fragebogens ergab, dass ich vom BDM (Bund deutscher Mädel), der NSDAP (Übersetzung wohl nicht nötig), über NS-Frauenschaft und KDF (Kraft durch Freude), Blockwart und Gauleiter allen Organisationen angehört hatte! Und siehe da, der Captain als Ausschussvorsitzender, der sich vorher alle meine Angaben übersetzen ließ, brüllte mich in akzentfreiem Deutsch an: „Du verdammter Nazi! Du spionierst hier nur. Die Binde herunter und den Ausweis her! Du verlässt sofort das Rathaus!"

Also ging ich, aber nur aus dem Vernehmungsraum. Eine Etage höher hatte sich die Stadtverwaltung inzwischen etabliert. Nebenbei, der Hamborner Oberbürgermeister war Vertreter für Staubsauger! Ich meldete mich und fragte nach einer Verwendungsmöglichkeit. Schnell fand auch der Oberbürgermeister heraus, dass ich Englisch verstand und bot mir an, im Besatzungsamt zu arbeiten.

Ich ging also zu dem bezeichneten Büro, dessen Tür von wohl hundert Menschen belagert war. Vorlassen wollte mich niemand, bis ich laut rief: „Im Namen des Oberbürgermeisters! Ich muss da hinein und arbeiten!" Murrend wurde ich durchgelassen.

In dem großen Raum saßen ein älterer Beamter und ein „Dienstanfänger" (so hießen früher die Azubis). Sie freuten sich sehr über die Verstärkung, mussten sie doch am laufenden Band Passierscheine ausstellen: Ohne ein solches Dokument durfte niemand die Stadt verlassen. Gestempelt und unterschrieben wurden die Passierscheine vom amerikanischen Stadtkommandanten, der hinter dem Rathaus in der Villa eines Arztes residierte.

Punkt 12 Uhr mussten die Scheine überbracht werden. Nach Stempel und Unterschrift konnten sie dann am nächsten Tag ausgehändigt werden. Ich übernahm diese Aufgabe und zockelte mittags hinüber.

Fast hätte mich der Schlag getroffen, als ich den Posten an der Tür sah. Ich sah den ersten Schotten meines Lebens mit Kilt.

Und dick war der wie Hardy aus „Dick und Doof"! Ich lächelte ihn höflich an und wollte vorbei. Vielleicht war mein Lächeln zu höflich oder sonst wie. Es kann sein, dass ich gekichert habe oder er das so empfand.

Jedenfalls bölkte er mich an, dass ich rückwärts die Treppe hinuntersauste. Von dem Radau angelockt erschien der Stadtkommandant und befreite mich aus meiner misslichen Lage. Und, oh Wunder, der Stadtkommandant sprach deutsch.

Man konnte ihn mit einigermaßen gutem Willen sogar verstehen! Im Büro übergab ich ihm die Passierscheine. Er zählte 20 Stück ab und gab mir die restlichen etwa 50 zurück. Mehr als 20 unterschreibe er nie, das solle ich mir mal merken. Im Besatzungsamt wisse man doch Bescheid.

Teufel, man hatte mir nichts gesagt! Und mit nur 20 Scheinen wollte ich nicht zurück und mich auslachen lassen. Ich sagte dem Captain, ich könne viel besser und schneller stempeln als er. Wetten?

Er schob mir den ganzen Packen herüber, und ich stempelte, als würde ich dafür bezahlt. Nach wenigen Minuten war ich fertig, und er hatte 20 unterschrieben. Heimlich nahm ich alle Scheine mit. Im Rathausflur malte ich dann noch die Hieroglyphen des Captains nach und kam stolz wie Oskar ins Büro zurück. Ja, da staunten die Kollegen!

In den nächsten Tagen habe ich das Verfahren noch mehr vereinfacht: Zum Stempel musste ich zwar hinüber ins Headquarter, aber unterschreiben konnte ich eigentlich schon vorher! Der Commander war froh, dass er nicht aufgehalten wurde, und die Kollegen wunderten sich abermals.

Das einfachere Verfahren ist auch dann noch durchgeführt worden, als der Commander mich eines Tages beschlagnahmte. Er brauchte dringend einen Dolmetscher. Eine Woche habe ich das mitgemacht. Es gab aber so gut wie nichts zu tun.

Da die Amerikaner just zu dieser Zeit abzogen und die Engländer kamen, sollte ich diesen „vererbt" werden. Prompt wurde mein Englisch so schlecht, dass der englische Stadtkommandant ein Gesicht machte, als habe er Zahnschmerzen. Ich empfahl ihm einen Freund, der unter abenteuerlichen Umständen schon sehr früh der Kriegsgefangenschaft entkommen war.

Ein wahres Sprachgenie (Englisch, Französisch und Russisch). Ich brachte die b eiden zusammen und sie verstanden sich auf Anhieb.

Selbstverständlich hatte ich meinen Freund vorher gewarnt, seine Vergangenheit ja nicht zu offenbaren. Er war nämlich Lehrer an einer Kriegsschule.

Sein slawischer Familienname machte ihn aber unverdächtig. Noch oft hatte ich mit den beiden zu tun und wir konnten manchem „Ausreißer" helfen.

Entflohene Kriegsgefangene aus dem Westen schickten die Engländer zurück. Also mussten sie den Russen entwischt sein.

Das bedeutete: Glatze scheren und älteste Kleider, möglichst durchlöchert, dreckig und keinerlei Papiere! Dann konnte ich den Registrierschein ausstellen, der mit dem Sichtvermerk der Kommandantur zum Erhalt von Lebensmittelkarten berechtigte.

Noch Jahre später sprachen mich Männer an: „Haben Sie nicht damals…?" Nein, das war ich natürlich nicht. Vielleicht eine Verwechselung? Vorsicht ist die Mutter der Porzellankiste!

Die Engländer brachten nach und nach wieder Ordnung in unsere Stadt. Sogar ein Gericht gab es, natürlich ein englisches. Vorsitzender war der Stadtkommandant und der nächstwichtigste Mann war mein Freund, der neue Dolmetscher.

Die englische Militärpolizei räumte gründlich auf. Es gab keine Raubzüge der Fremdarbeiter mehr, weil diese „Displaced Persons" in ihre Heimatländer geschickt wurden. Schreckliche Geschichten erzählte man sich, wie es diesen unglücklichen Menschen in ihrer Heimat erging, sofern diese im Osten lag.

Inzwischen war „unsere Stadt" wieder vereinnahmt worden und unser Rathaus war nur noch Bezirksverwaltungsstelle. Die einzelnen Ämter wurden Neben- oder Zweigstellen.

Es gab viel zu tun und es fehlte an allen Ecken und Enden. Besonderer Mangel herrschte beim Personal. So wurde praktisch jeder eingestellt, der wenigstens etwas mehr als seinen Namen schreiben konnte. Nur „Nazi" durfte er nicht sein!

Heute kann man sich nicht mehr vorstellen, unter welchen Bedingungen wir arbeiten mussten. Unbedrucktes, also neues Papier war unbekannt. Wir schrieben meistens mit der Hand, auf der Rückseite alter Vordrucke. Ja sogar auf Wehrstammkarten.

Dünnes Durchschlagpapier war überhaupt nicht zu bekommen, naja wenigstens nicht offiziell. Konnte man doch aus einem Blatt zig Zigaretten drehen, sofern Tabak vorhanden war, oder was man zumindest dafür halten konnte! Gemauschelt und gekungelt wurde überall.

§ 2 ANWÄRTER

Mit Wirkung vom 1. Dezember 1946 wurde ich unter Berufung in das Beamtenverhältnis zum Stadtinspektor-Anwärter ernannt. Die Vergütung betrug monatlich 140,- Reichsmark!

Damit begann auch meine „Rundreise" durch alle möglichen Ämter, dazu in der Folge mehr. Alle drei bis sechs Monate war ein Wechsel angesagt! Jeweils vor dem Umzug legte der Vorgesetzte seine Stirn in Falten und „erarbeitete" eine „Dienstliche Beurteilung". Wie oft habe auch ich mich später mit solchen Beurteilungen herumschlagen müssen. Von einer Beurteilung kann die ganze Zukunft eines Beamten abhängen!

Nach dem Besuch der Verwaltungsschule und folgender Prüfung wurde ich 1950 apl. (außerplanmäßiger) Stadtinspektor. Monatliche Vergütung: 211,00 Deutsche Mark!

Die längste Zeit verbrachte ich bei der Ordnungsbehörde. Für mich ist das die interessanteste Dienststelle mit sehr vielen Aufgaben, daher nie langweilig und man hat stets engen Kontakt mit den Bürgern.

§ 3 DAS GEHEIMNIS DER VERSCHLOSSENEN TÜR

Eine Station meiner Rundreise war das Stadtsteueramt. Die vier Büros lagen in einem Seitenflügel des Rathauses. Raum eins: klein, Raum zwei: groß, Raum drei: wieder klein und Raum vier: wieder groß.

Die Räume waren durch Zwischentüren miteinander verbunden und Jeder hatte eine Türe zum Flur.

In Raum eins wirkte unsere Stenotypistin. Raum zwei bevölkerten ein Sachbearbeiter, ein Mitarbeiter und zwei Anwärter. Einer davon war ich. Wir waren zuständig für die Grundsteuer und Nebenabgaben sowie Gebühren. War das eine Rechnerei!

Rechenmaschinen waren unbekannt, also musste alles in Hand- bzw. Kopfarbeit erledigt werden.

Raum drei war Residenz des Amtsleiters und in Raum vier wirkten drei Männer an der Hundesteuer, Vergnügungssteuer und sonstigem Kram.

Der Amtsleiter, Leo Janzt und einer der Kollegen in Raum vier, Thomas Heitker, waren dicke Freunde und Mitglieder derselben Partei. Einige Parteien gab es schon wieder!

Leo Janzt hatte die Angewohnheit, die Verbindungstür zu uns zu verriegeln. Den Riegel hatte er selbst angebracht, weil der Schlüssel fehlte. So konnte er von uns ungestört mit Thomas Heitker konferieren.

Mehrmals am Tage ging Janzt zur Stenotypistin, und zwar durch unseren Raum! Jedes Mal machte der Riegel „ratsch" und die Türe „bumm". Immer wieder ratsch und bumm. Das stank uns sehr und störte beim Rechnen.

Wir beschlossen, dem abzuhelfen. Aber wie? Der Sachbearbeiter hatte die Lösung. Da ich nicht schnell genug war, wurde der andere Anwärter verdonnert, den Plan auszuführen.

Als Janzt wieder einmal mit „ratsch" und „bumm" unser Büro durchquerte, um der Stenotypistin zu diktieren, schlich sich der Anwärter zur Tür, legte einen dünnen Faden um den Riegel, hielt beide Enden fest und drückte die Tür zu.

Dann zog er an den Fadenenden. Der Riegel schnappte ein! An einem Ende des Fadens konnte er diesen dann zurückziehen. Es klappte auf Anhieb.

Nach einigen Minuten kam Janzt zurück und wunderte sich sehr, dass die Tür verriegelt war. „Bin ich denn nicht daher gekommen?" fragte er laut

Wir zuckten die Achseln. Wir wussten natürlich von nichts. Viel zu viel zu tun.

Janzt musste also durch unsere Außentür auf den Flur und durch Raum vier in sein Büro, denn seine Außentür hielt Janzt stets verschlossen.

Etwa 10 Minuten später: „Ratsch" und „bumm". Janzt kam wieder durch die Verbindungstür und ging zur Stenotypistin. In null Komma nix trat der Faden wieder in Aktion.

Jetzt war Janzt aber sicher, dass er durch eben diese Türe gekommen war. Wir hatten aber wieder nichts gemerkt. Der Sachbearbeiter äußerte den Verdacht, dass der Parteifreund, Thomas Heitker, vielleicht . . .? Denn nur von der anderen Seite sei doch der Riegel zu bedienen!

Das leuchtete Janzt ein und er stob wutschnaubend über den Flur und steuerte Raum vier an. Ehrlich, so eine gegenseitige Anschnauzerei habe ich selten gehört! Janzt bat uns dann, doch einmal Acht zu geben. Den Riegel benutzte er nie mehr und mit Heitker war er lange verfeindet.

Der erwähnte andere Anwärter ist mir sehr lange ein guter Kollege und Freund gewesen. Sein Fleiß und seine Tüchtigkeit ließen ihn schnell die Karriereleiter erklettern. Zuletzt, nach 1975, war er Bezirksamtsleiter. Leider verstarb er viel zu früh!

§ 4 ALARM

Da ich Thomas Heitker erwähnte, muss ich ihn näher beschreiben, damit der „Alarm" auch richtig ankommt. Thomas war klein und dick. Er hatte schüttere rote Haare.

Am liebsten trug er grüne Hemden ohne Schlips und Kragen. Breite Hosenträger hielten seine „Hochwasserhosen", Wollsocken und schwere Nagelschuhe ergänzten seine Garderobe.

Auf seiner Nase saß eine Brille mit sehr dicken Gläsern. Außerdem war er leicht schwerhörig. Wenn er über die Flure stampfte, dann fiel einem der Safari-Schlager "Wie oft sind wir geschritten…" ein.

In Raum vier saßen, wie schon erwähnt, außer Heitker noch zwei Männer. Einer davon war auch Anwärter und trug als Kriegsversehrter eine Oberschenkelprothese.

Nahm Heitker Klinke (damals waren die Toilettenkabinen nur für Mitarbeiter und damit kein Bürger die Kabinen nutzte, waren die Klinken ausgebaut und man nahm diese für sein Geschäft mit), Handtuch und Papier, dann wussten die beiden anderen, dass Thomas zur „Sitzung" wollte. Sofort ging einer hinterher.

Unsere Toilette hatte zwei Kabinen fürs „Große", drei Pinkel-Becken für "Klein" und ein Waschbecken. Die Kabinen waren nur mit Klinke zu öffnen.

Sobald Thomas in seiner Kabine saß, schlich sich einer der beiden Zimmerkollegen nach, stellte sich auf das Klo in der Nachbarkabine, griff über die Trennwand und drückte auf den Hebel des Wasserkastens (diese hingen damals etwa 1,70 m über den WC's). So kriegte Thomas etwa einen Eimer Wasser auf den blanken Hintern. Bis er abgetrocknet war und die Hose hoch hatte, war der Übeltäter längst verschwunden, aber das Gebrüll von Thomas hörten alle!

Eines Tages erschienen zwei Männer in blauen Overalls in der Toilette und bauten die Becken ab. Wir freuten uns, denn wir dachten, es sollte neue Becken geben und das wäre wirklich notwendig gewesen. Hinterher stellte sich heraus, dass die Becken gestohlen worden waren. Der Hausmeister bat uns, doch auf solche Vorkommnisse zu achten.

Wir bekamen andere Becken, die sich von den ersten, kaum unterschieden. Wahrscheinlich waren sie früher anderswo im Einsatz.

Einige Tage später nahm Thomas wieder die „Sitzungsutensilien" und verschwand. Leider war der Kriegsversehrte nun allein im Zimmer. Es ging aber auf keinen Fall, dass Thomas ohne seinen Eimer Wasser davonkommen sollte.

Also schlich der Kollege sich in die Nachbarkabine. Als er auf das Klo steigen wollte, rutschte er mit der Prothese ab und knallte gegen die Trennwand. Das rumpelte ganz schön!

Und Thomas? Als pflichtgetreuer Beamter verzichtete er auf das Abputzen und Hose hochziehen. Er stürmte mit nacktem Hintern auf den Flur und brüllte: „Alarm! Alarm! Es werden wieder Becken geklaut!" Im Nu standen etwa 10 Mann um ihn herum. Geschrei, Fragen und Gerenne! Das Bild von Thomas werde ich nie vergessen!

§ 5 DER PRÄMIENJÄGER

Thomas Heitker war alles andere als faul. Nach unserer Hundesteuerverordnung musste jeder Hund ab dem dritten Lebensmonat zur Hundesteuerveranlagung angemeldet werden und dafür war Thomas zuständig.

Es gab jedoch und gibt sicher noch immer Bürger, die das „ganz vergessen". Deshalb durften die Steuerbeamten und alle Außendienstkräfte in der Freizeit nicht angemeldete Hunde erfassen. Sie erhielten dafür eine Prämie von 3,- Mark!

Das war nicht immer leicht. Zwar traf man mal Hunde ohne Steuermarke an, aber wem gehörten sie? Hinterherrennen mochte kaum ein Kollege. Und die Köter liefen ja nicht immer direkt nach Hause. Aus diesen Gründen wurde die Prämie kaum ausgezahlt.

Doch auf einmal präsentierte Heitker gleich 20 Ermittlungsberichte. Zufall? Wohl kaum, denn kurze Zeit später legte er wieder etwa gleich viele Berichte vor. Janzt wurde misstrauisch.

Er ließ heimlich prüfen, ob Heitker ordnungsgemäße Anmeldungen in Ermittlungsberichte „umfunktionierte". Aber Fehlanzeige!

Nur wo kamen denn die bisherigen und weiteren Berichte her?

Der Zufall brachte es an den Tag. Ein Kollege beobachtete beim abendlichen Spaziergang das merkwürdige Verhalten von Thomas. Der schlich sich auf einen Hof, hielt die Hände an seinen Mund und bellte täuschend echt wie ein großer Hund. Mehrfaches Echo aus den Häusern war gewiss!

Fand er so einen nicht gemeldeten Hund, bekam er von dem Halter mit Sicherheit auch noch andere Adressen.

Natürlich sprach sich das schnell herum und etliche andere Kollegen probierten das Rezept auch aus. Als der Erfolg dann naturgemäß immer kleiner wurde, schlief das Verfahren nach und nach ein.

§ 6 FEIERTAG

Einige Zeit später wurde Jantz Leiter der Bezirksverwaltungsstelle und erster Mann im Rathaus.

Papier war noch immer knapp. Mitteilungen „an alle" wurden so kurz wie eben möglich abgefasst und im Durchschreibeverfahren getippt.

Bei ganz kurzen Mitteilungen konnte man diese mehrmals auf einen DIN A4-Bogen schreiben und ihn sowie die Durchschläge zerschneiden.

Eine Mitteilung lautete so:

> **An alle Dienststellen**
>
> Am Tage Allerheiligen haben nur
>
> diejenigen dienstfrei, die katholisch sind
>
> und zur Kirche gehen!
>
> Bescheinigung des Pfarrers ist vorzulegen.
>
> gez. Janzt

Nur ein einziges Exemplar und dann noch in Kopie, landete auf dem Schreibtisch von Heitker! Der ersehnte Krach zwischen Janzt und Heitker war wieder da. Die beiden konnten sich doch so schön anbrüllen!

Irgendwie war Janzt misstrauisch geworden und rumorte einige Zeit im Steueramt herum, fummelte an unseren beiden Schreibmaschinen, angeblich um sie zu prüfen! Etliche Male schrieb er den Text der „Mitteilung" ab. Dann verschwand er ohne Kommentar.

Aber wir waren ja nicht dumm! Die Schreibmaschine im gegenüberliegenden Postamt hätte er prüfen müssen! Die hatte ein anderes Schriftbild als unsere Maschinen.

§ 7 SKATTURNIER

Meine nächste Ausbildungsstelle war das Wohlfahrtsamt (heute Sozialamt).

Dieses Amt beanspruchte für seine Dienstkräfte einen ganzen Flur mit etwa 15 Räumen. Zwei Räume waren nur durch Aktenschränke unterteilt. Man konnte die Schränke aber so verschieben, dass ein Hin- und Herverkehr möglich war. In jedem Raum saßen drei Anwärter, die beiden Ältesten fungierten als Sachbearbeiter.

Es gab nicht sehr viel zu tun, so dass Skatspielen schon als Arbeit galt. Nur ich machte nicht mit, ich mag Skat nicht. Meine Mutter hatte eine Gastwirtschaft in Dinslaken am Altmarkt. Da hatte ich zu oft erlebt, wie sich Leute zankten und noch Tage später miteinander maulten.

Also verzogen sich alle fünf in einen Raum, schlossen die Außentür und machten mich zum Wächter. Genug zu tun gaben sie mir auch, Leistungszettel musste ich in die Akten kleben. Hunderte!

Kam der Chef herein, musste ich ganz laut rufen: „Guten Tag, Herr Rüdel!" „Mensch", sagte er mal zu mir, „was bölken Sie so laut. Ich war doch schon dreimal heute hier!" Dabei sollte ich die Skatspieler nebenan nur warnen. Auf meinen Ruf versteckten sie die Karten und unterhielten sich „fachgemäß". Das ging aber nur ein paarmal gut. Dann hatte der Chef das Theater durchschaut ... und spielte mit!

Waren DAS Zeiten! Alle spielten, und ich klebte weiter!

Aber nicht mehr lange. Turnusgemäß wurde uns ein Dienstanfänger zugeteilt, und dem brachte ich schnell die edle Kunst des Einklebens bei!

Später, nach der Währungsreform, kam die Arbeit wie eine Sturzflut über das Wohlfahrtsamt! Da war ich aber schon wieder fort.

Übrigens: Der von mir angelernte „Klebling" studierte später und wurde Verwaltungsdirektor von zwei großen Krankenhäusern. Ja, gut kleben bringt Segen!

§ 8 FLIRTS

Beim Wohlfahrtsamt, und im Rathaus überhaupt, gab es etliche nette Mädchen, fast ausschließlich Stenotypistinnen. Anwärterinnen oder Dienstanfängerinnen gab es noch nicht. Ganz vereinzelt, etwa im Meldeamt, wirkten ältere Damen als Bürokräfte.

Diese „älteren" Damen mochten so um die 40 Lenze sein. Sie interessierten uns nur dienstlich. Dafür scharwenzelten wir umso mehr um die anderen herum. Wenn es nur eben möglich war, trafen wir uns mit der Auserwählten im Flur. Besonders vorteilhaft war es, wenn eines der Mädchen ein Zimmer für sich hatte.

Natürlich blieb dem Amtsleiter nicht verborgen, dass sich in „Sachen Liebe" etliches rührte.

Um die folgende Story verständlich zu machen, muss ich erst auf den Stellvertreter des Amtsleiters eingehen.

Anton Cramer war sein Name. Er wurde aber allgemein nur Toni genannt. Etwa 60 Jahre alt war er und ein Beamter wie aus dem Bilderbuch: Halsstarrisch, meist auch noch mürrisch, aber immer gerecht!

Er sprach sehr schnell und abgehackt, vermischt mit Nuscheln. Man musste höllisch aufpassen, wenn man ihn verstehen wollte. Am Telefon meldete er sich etwa so: „Woffazamt, Crama".

Öfter sauste er durch alle Büros, wenn er seinen „Stift" (Auszubildende wurden damals umgangssprachlich Stift genannt) suchte. Türe auf und gebölkt: „Gonny hier gewesn, Gonny?" Viele Worte wiederholte er in einem Satz.

Ich war Zeuge einer „Unterredung" zwischen Toni und einem Besucher. Toni hatte diesem vorgeworfen, Nazi gewesen zu sein. Der Mann wehrte sich: „Wenn ich Nazi gewesen wäre, dann hätte ich nicht schon vor Jahren gesagt, die ganze Partei könne mich am Arsch lecken". Toni schoss sofort zurück: „Vorsich, Vorsich - waan siem Mijon Mann, siem Mijon Mann -hätze kein Arsch mehr, kein Arsch!"

Ganz klar, dass Toni von uns geärgert wurde, wann es nur ging. Besonders sauer reagierte er, wenn bei ihm angerufen wurde und auf sein „Woffazamt, Cram" die Antwort „Woffazamt, Meir" kam. Ich höre noch sein dann ganz gedehntes:

„Wer ist da? Sprechen Sie deutlich!"

Toni baute in seinem Garten Tabak an und hatte immer welchen für seine „Piep". Fragte ihn ein Kollege: „Lässte mich mal stoppen?", dann fauchte er: „Stoppn, stoppn! Komm ärss ma giessn, giessn!"

Aber zurück zu den Flirts.

Für einen Nachmittag war eine Dienstbesprechung angeordnet. Alle versammelten sich im größten Büro. Nach Ende des offiziellen Teils mussten die Anwärter noch bleiben: Toni hatte uns etwas zu sagen. Ich versuche, seine Ansprache wiederzugeben.

„Höt ma zu, höt ma. Poussiererei im Amt muss aufhörn, Poussiererei im Amt. Geht doch am Bahndamm, Bahndamm, Kla? Platz genug da, Platz." Damit war für ihn die Sache erledigt. Ob es aber am Bahndamm Gedränge gab, weiß ich nicht. Ich war nie da!

§ 9 KLEIDERSAMMLUNG

Auf Anordnung der britischen Besatzungsbehörden wurde eine Kleidersammlung - naja, durchgeführt, obwohl „erzwungen" eher zutraf. Mit den „gespendeten" Kleidern und Schuhen sollten die „Displaced Persons" versorgt werden, die noch nicht in ihre Heimatländer zurückkonnten. Wer nicht spendete, dem drohte Plünderung!

Vielleicht war das aber auch nur ein Gerücht, um unsere Bürger zum Spenden zu „motivieren".

Jedenfalls kamen so viele „Spenden", dass wir nur für Bekleidung und Schuhe den ohnehin noch überflüssigen Sitzungssaal der Ratsherren brauchten. Wäsche und Strümpfe lagerten in zwei Büros.

Haufenweise! Niemand hätte mit so viel Erfolg gerechnet.

Als gute Beamte registrierten wir jedes Stück peinlich genau mit Datum, Eingang und Ausgang, von wem und an wen. Die Verwaltung des Schuhlagers wurde mir übertragen. Es waren fast ausnahmslos gute Schuhe. Solche hatten unsere Kollegen und insbesondere die Kolleginnen nicht.

Was lag da näher, als zu tauschen? Alt gegen neu! Aber die Gesamtzahl musste stimmen. Die Kleider-, Strümpfe- und Wäscheverwalter machten das genauso.

Als nach Monaten das Sammelgut immer noch nicht abgeholt war, packten wir alles zusammen und übergaben es den verschiedenen Heimen.

§ 10 DIE STENOPRÜFUNG

Während meiner Ausbildungszeit im Wohnungsamt lief die Frist an, sich zur Teilnahme am Inspektorenlehrgang zu melden. Eine der Bedingungen konnte ich nicht erfüllen. Ich sollte nämlich nachweisen, dass ich wenigstens 90 Silben je Minute in Stenographie schreiben konnte.

In der Schule hatten wir zwar ein paar Stunden Stenounterricht gehabt, aber auf 90 Silben in der Minute wäre ich nie gekommen. Steno dauerte bei mir mindestens dreimal so lange wie Langschrift.

Während des Lehrgangs und auch später als Schriftführer des Beamtenbundes, als nebenamtlicher Lehrer der Verwaltungsschule und überhaupt habe ich Stenografie nie gebraucht. Aber Vorschrift ist Vorschrift. Der Nachweis musste her!

Also übte ich dann und wann mehr schlecht als recht. Zu meinem großen Erstaunen entpuppte sich ein Besucher als früherer Mitschüler. Sein Beruf: Lehrer für Steno und Maschinenschreiben. Dem trug ich meinen Kummer vor. Bereitwillig übte er einige Tage mit mir und nahm dann die Prüfung ab. Es eilte sehr!

Oh Wunder, ich schrieb 90 Silben und bekam mein Zeugnis! Das Prüfungsdiktat gab er mir als „Erinnerungsstück" mit. Stolz zeigte ich dieses Blatt unserer Stenotypistin. Sie konnte so gut wie nichts lesen! Ich tröstete mich damit, dass ich wohl eine besondere Art der Stenografie beherrsche, aber lesen konnte ich das Gekrakel auch nicht mehr!

Immerhin: Die Zulassung zum Lehrgang war mir sicher!

§ 11 DAS NEUE GELD

Der 20. Juni 1948 und die folgenden Wochen sind mir noch sehr gut in Erinnerung.

Unter Wahrung der höchsten Geheimstufe wurden etliche Kollegen und ich darauf vorbereitet, dass wir am Sonntag, dem 20. Juni 1948, wegen einer Sondermaßnahme zum Dienst zu erscheinen hätten. Beginn: 6.30 Uhr.

Das Rätseln, worum es sich wohl handeln könnte, war am Samstag davor zu Ende. Rundfunk und Sonderausgaben der Zeitungen kündigten die Währungsreform an.

Am Sonntagmorgen stand alles bereit. In mehreren Gruppen aufgeteilt wurden je fünf Mann unter Polizeischutz (wieder „richtige" Polizisten) zu den Einsatzstellen, meistens Schulen, gefahren.

Am Einsatzort konnten wir die Pakete öffnen und die Anweisung studieren. Das ging schnell. Viel mehr interessierte es uns, wie das neue Geld aussah! Es gefiel uns nicht besonders. Seine Wirkung lernten wir aber noch am selben Abend kennen.

Das Verfahren war einfach: 60 Reichsmark kassieren und 40 DM (Kopfquote) auszahlen, Stempel in die Kennkarte, Eintrag in die Liste, und: „Der nächste bitte!"

Abrechnung am späten Nachmittag: Alles stimmte, Niederschrift, Unterschriften und ab zum Rathaus. Gott sei Dank, dass das Zählen und Rechnen zu Ende war!

Flötepiepen!

Im Rathaus erfuhren wir, dass wir für die zweite Stufe der Währungsreform vorerst zur Sparkasse abkommandiert seien! Diese Stufe bestand darin, die Konten umzurechnen und die restlichen 20 DM auszuzahlen. Eine ältere Dame bat mich dabei um den Rest ihres „Kopfknotens!"

Die Arbeit in der Sparkasse war grausam und kleinlich. Wenn bei Dienstschluss nicht alles auf den Pfennig genau stimmte, dann musste noch einmal und noch einmal nachgerechnet werden. Aber - oh Wunder - die Überstunden wurden mit Zuschlag bezahlt. So etwas hatten wir noch nicht erlebt!

Auf dem Weg zum Rathaus nach Abschluss der ersten Stufe der Währungsreform fielen uns fast die Augen aus dem Kopf! - Die meisten Geschäfte waren beleuchtet, die Schaufenster voll.

Wir konnten uns nicht sattsehen an Bekleidung, Schuhen und Fahrrädern mit richtiger Bereifung. Stolze Besitzer von Drahteseln waren ja schon froh, wenn sie die Felgen mit Schläuchen oder Spiralfedern ausrüsten konnten.

Die bekannten Schwarzmarktecken waren hingegen leer!

Die Behauptung, jeder musste mit 40,00 bzw. 60,00 DM neu anfangen, stimmte nicht! Wer gehortet hatte, hatte viel mehr.

Die Zwangsbewirtschaftung war zwar formell noch nicht aufgehoben, aber wer bar zahlen konnte, brauchte plötzlich keine Bezugsscheine mehr. Slogan der Händler: „Den Bezugsschein reichen Sie bitte nach!"

Das „Wirtschaftswunder" begann.

Am Montag danach meldeten wir uns bei der Sparkasse. Wir wurden in mehrere Gruppen zu je drei Mann eingeteilt. Zu meiner Gruppe gehörten ein älterer Angestellter, ein wahres Rechengenie, und der Anwärter Herbert Dittmann. Herbert war kurz vorher aus russischer Kriegsgefangenschaft entlassen worden. Sein linkes Bein und seine rechte Hand waren nach einer Verwundung lahm.

Schreiben konnte er noch, aber nicht lange. Ich kannte Herbert schon von der Schule her.

Zukünftig arbeiteten wir fast immer im gleichen Amt und ergänzten uns prima, wenn uns das Fell juckte.

Rechnen konnte Herbert genau so gut wie ich, nämlich schlecht. Trotz unseres Rechengenies kamen wir in den ersten Tagen nicht auf die durchschnittliche Zahl von umgerechneten Konten. Also nutzte ich günstige Gelegenheiten aus und klaute bei anderen Gruppen fertige Umrechnungen!

Geschrieben wurde ausschließlich mit sogenannten Kopierstiften im Durchschreibeverfahren. Diese Stifte waren fälschungssicher, aber auch sehr knapp. Der Sparkassenleiter rückte nur dann einen neuen Stift heraus, wenn der Stummel des alten auch mit Verlängerung nichts mehr hergab.

Mein Stift war eines Tages wieder zu klein, und ich verfügte mich in das Büro des Leiters. Es war leer. Die Schublade des Schreibtisches stand offen und ich sah sofort die Kiste mit den Stummeln. Warum unser Leiter diese aufhob, war für mich ein Rätsel. Sicherheitshalber griff ich in die Kiste und füllte meine Hosentasche mit Stummeln.

Das Gesicht des Leiters war unbeschreiblich, als im Laufe des Tages alle Gruppen Stummel brachten und neue Kopierstifte bezogen!

Am 1. Juli 1948 gab es Gehalt und an die 200 DM Überstundenzuschlag. Inzwischen war mein Gehalt auf 170 DM wegen eines „Beschäftigungsauftrages" gestiegen. Diesen Auftrag erhielten Anwärter, die nicht nur lernen, sondern auch schon arbeiten sollten. Wir waren Könige.

Ich kaufte mir einen neuen Anzug und versprach natürlich, den Bezugsschein alsbald nachzureichen!

Liebend gerne wäre ich noch länger als acht Wochen bei der Sparkasse geblieben. An die wunderschönen Überstunden hatte ich mich gewöhnt.

Aber es kam die Einberufung zur Verwaltungsschule und ich musste mich wieder im Rathaus einfinden.

Eine verrückte Zeit ging zu Ende!

§ 12 VERWALTUNGSSCHULE

Mit sehr gemischten Gefühlen fuhr ich zum ersten Mal zur Verwaltungsschule. Ein recht beschwerlicher Weg, denn er wurde wegen zerstörter Brücken zweimal durch Klettertouren unterbrochen. Über Notstege mussten wir uns hangeln, um die nächste Etappe der Straßenbahn zu erreichen.

Die Schule war in einem alten Wohnhaus untergebracht. Meine Klasse lag in der vierten Etage. Etliche alte und lange Tische mit entsprechenden Bänken, ein Pult und eine Tafel, das war die ganze Einrichtung!

Schule war dienstags vormittags und freitags nachmittags. Den Unterricht erteilten drei hauptamtliche und ein paar nebenamtliche Lehrer, also „gestandene" Kollegen.

Als erstes wurde uns klar, warum Steno-Kenntnisse von uns verlangt worden waren: Es gab noch keine Bücher.

Was man uns vortrug, sollte mitgeschrieben werden. Mein Glück, dass ich nur wenige Wortfetzen aufschreiben musste, um mich später erinnern zu können, wenn ich die „Reinschrift" anfertigte.

Außerdem fanden sich zwei Leidensgenossen bereit, mit mir eine Arbeitsgemeinschaft zu bilden. Jeder fertigte die Reinschriften mit zwei Durchschlägen.

Die Themen wurden vorher festgelegt, so dass jeder von uns praktisch nur ein Drittel erarbeiten musste. Das klappte prima und mit den beiden Kollegen kam ich auch später immer sehr gut aus.

Meine Lieblingsfächer waren Wirtschaftskunde, Polizei- und Gewerberecht, nicht zuletzt wegen des Dozenten. Dieser, Herr Dr. Trampert, war für mich der Inbegriff eines „Grand-Seigneurs". Korrekt gekleidet, Gamaschen („Hundedeckchen"), Stock mit Goldknauf und Hut Marke „Melone". Und dass in dieser Zeit, so kurz nach der Währungsreform.

Wenn er die Klasse betrat, nahm er erst den Hut ab, begrüßte uns mit leichter Verbeugung, hängte Hut und Stock auf und dann zog er aus einer Innentasche ein riesengroßes Buch!

Wie kann man einen solchen Wälzer in der Jacke unterbringen, ohne dass man das sieht oder ahnt?

Die Vorlesungen von Dr. Trampert waren außerordentlich gut. Jedenfalls empfand ich das so. Außerdem besaß er Mutterwitz. Einem heimlich kauenden Kollegen wünschte er guten Appetit und bedauerte, dass er ihm nicht ein Bierchen servieren könne.

Hin und wieder duselte einer ein, und dann bat er uns um Ruhe, damit der Ermattete sich ausruhen könne; das tat er aber so laut, dass der ertappte sofort wieder munter war. Bei einer Klausur brachte er Zeitungen mit - und einen Handbohrer! Damit bohrte er zu unserem Erstaunen ein Loch in die Blätter.

Das war eine Warnung: Ich sehe alles! Trotzdem haben wir gepfuscht. Diese Tricks kamen mir zugute, als ich selbst nebenamtlicher Lehrer wurde, natürlich für Ordnungs-, Polizei- und Gewerberecht!

Im Übrigen war der Unterricht meist fade und langweilig. Besonders freitags, dann schien die Sonne prall in den Raum. Gardinen gab es nicht. Mein Nachbar zu linken, Brillenträger, machte öfter mal ein Nickerchen. Beim ersten Schnarchton boxte ich ihm in die Seite.

Einmal flüsterte ich dabei: „Du bist dran!" Wie von der Tarantel gestochen sprang er auf und rief dem Dozenten zu: „Ich habe Ihre Frage nicht ganz verstanden. Ich bitte um Wiederholung."

Der Dozent antwortete, er habe doch gar nicht gefragt, und die Klasse brüllte vor Gelächter. Mein Sitznachbar war mir lange böse.

Eines der Hauptfächer (Staatsrecht) war die Weimarer Verfassung und als wir die endlich durchhatten, wurde das Grundgesetzt erlassen! Also ließ man uns auch das noch pauken.

Unser Rathausboss sollte in einer Parteiversammlung einen Vortrag halten über die „Unterschiede in beiden Verfassungen". Er bat mich, das doch für ihn zu erarbeiten. Da ich für diese Zeit von jeder anderen Arbeit freigestellt war, stimmte ich zu und erstellte eine lange Ausarbeitung.

Kaum zu glauben, wie ich innerlich jubelte, als ein Thema bei den Prüfungsarbeiten lautete: „Unterschiede in den Befugnissen zwischen Reichspräsidenten und Bundespräsident".

Klar, dass diese Arbeit meine beste Arbeit war!

§ 13 PRÜFUNG

Nach und nach gab es auch wieder Bücher, so dass die elende Schreiberei weniger wurde. Ich beschränkte mich auf meine Stichworte. Diese hafteten am besten. Haushalt-, Kassen- und Rechnungswesen mochte ich überhaupt nicht!

Auch später habe ich mich, meistens mit Erfolg, um solche Arbeiten herumgedrückt. Vier schriftliche Prüfungsarbeiten standen an. Natürlich eine aus diesem Gebiet als die Erste! Aber ich hatte riesiges Glück. Der für die Prüfung vorgesehene Sitzungssaal im Rathaus war an diesem Tage nicht verfügbar. Also zurück in unsere enge Klasse.

Mein Hintermann, Fachmann und später Leiter der Kämmerei, erkannte meine große Not. Heimlich manipulierte er sein Konzept unter die Bank und in meine Hand. Eilig notierte ich die wesentlichen Punkte in meiner „Privat-Kurzschrift" und erarbeitete so die Lösung der Aufgabe. Das Konzept meines Hintermannes ging denselben Weg zurück. Ich wollte natürlich nicht dieselbe Gliederung einhalten. So kamen einige Fehler zustande.

Beurteilungsvermerk: „Eine an sich recht befriedigende Arbeit". Nun ja, ein wenig Glück steht auch Beamten zu.

Am Rande sei vermerkt, dass der Schulleiter mir nach der mündlichen Prüfung ankündigte, er habe mich wegen dieser Arbeit für den Dienst in der Kämmerei vorgeschlagen! Ich weiß nicht mehr, was ich dachte und sagte. Jedenfalls konnte ich ihn dazu bringen, die Empfehlung zurückzuziehen. Ich in der Kämmerei, nur Zahlen, rechnen und was das Schlimmste war, keinen Kontakt mit den Bürgern! Den aber wollte und brauchte ich. Ich konnte das auch wirklich erreichen.

Keine einzige Dienststelle in meiner „Laufbahn" war ohne direkten Bürgerkontakt.

Die drei anderen Arbeiten, auch die Staatsrechtsausarbeitung, fanden dann im Sitzungssaal statt. Wir saßen an langen Tischen mit einem Abstand von zwei Metern! Auf dem erhöhten Sitz des Oberbürgermeisters residierte eine Aufsichtsperson. Konnte man da wohl noch pfuschen? Doch, es ging. Wie, das verrate ich nicht!

Jedenfalls habe ich drei Arbeiten von Freunden verbessert, und zwar aus dem Bürgerlichen Recht. Die letzte Arbeit aus dem Jugend- und Wohlfahrtsrecht machte mir keine Schwierigkeiten. Etwa sechs Wochen später fand die mündliche Prüfung statt.

Wegen eines Stromausfalls in der Straßenbahn, was damals häufig war, kam ich zu spät. Meine Gruppe, fünf Mann, war schon vor ein paar Minuten hereingerufen worden. Bibbernd und schwitzend vor Aufregung und Angst klopfte ich zaghaft an die Tür und ging in den Prüfungsraum.

Was für ein Bild!

Die Prüfer (unsere Lehrer, Vertreter des Personalamtes und des Personalrates) saßen an Tischen, die im Halbkreis aufgestellt waren.

Berge von Akten vor sich, die hin- und hergeschoben wurden. Die Prüflinge hockten wie arme Sünder auf Stühlen innerhalb des Kreises. Mein Stuhl war noch leer.

Ich stammelte eine Entschuldigung. Man übte Gnade, und ich durfte Platz nehmen. In diesem Augenblick wusste ich buchstäblich nichts mehr. Ich verstand keine Frage. Die Gesichter verschwammen. Ich vernahm nur das Rascheln und Blättern in den Akten.

Langsam wurde ich ruhig und konnte die nächsten Fragen richtig beantworten. Wenn ich nur gewusst hätte, wo ich meine Hände lassen sollte. Kein Tisch zum Festhalten. Ich kam mir wie ausgezogen vor. Den anderen ging es nicht besser.

Nach unendlich langer Zeit sagte der Vorsitzende: „Warten Sie bitte draußen. Wir rufen Sie wieder herein." Die „unendlich lange Zeit" hatte nicht ganz zwei Stunden gedauert.

Was dann kam, empfinde ich heute noch als eine große Schweinerei!

Man rief uns nach etwa 15 Minuten herein. Gespannt standen wir da und warteten. Dann kam es. Der Vorsitzende sagte: „Herzlichen Glückwunsch! Sie haben alle bestanden ... (erleichtertes Aufatmen) ... bis auf Herrn…" und nannte den Namen des Kollegen. Erst als wir unsere Zeugnisse hatten und wieder draußen waren, kam uns das Ungeheuerliche dieser Methode zum Bewusstsein.

Es war zum Glück die letzte Prüfung, die dieser Herr leitete, bevor er pensioniert wurde!

Der so gedemütigte Kollege rappelte sich aber wieder auf und bestand die Prüfung im zweiten Anlauf mit „gut". Ich selbst erreichte ein sehr gutes „ausreichend" und war zufrieden.

Natürlich nur im ersten Glücksgefühl. Dann aber ärgerte ich mich doch. Mit einer Vorzensur von „2 -" ging ich in die mündliche Prüfung. Normalerweise kann man sich dann verbessern, ich aber haute daneben.

§ 14 ZWISCHENSPIEL

Bis zur Prüfung und Ernennung zum außerplanmäßiger Stadtinspektor wurde ich beim Amt für Wirtschaft und Verkehr und bei der Preisbehörde für Mieten und Pachten weiter ausgebildet. Vor der Währungsreform hatten beide Ämter kaum eine Bedeutung, dann aber kam es knüppeldick!

Geld hatte wieder seinen Wert. Bei der Preisbehörde z. B. gingen täglich unzählige Anträge auf Herabsetzung oder Erhöhung der Mieten ein. Grundsätzlich waren alle Mieten auf dem Stand von 1936 (!) eingefroren und Änderungen nur mit Genehmigung der Preisbehörde zulässig.

Die Mieter beschädigter Wohnungen wollten nicht mehr die vereinbarten Mieten (in Reichsmark) zahlen und beantragten eine Herabsetzung, u. a. wegen Wertminderung. Hauseigentümer dagegen hätten gerne mehr gehabt.

Die Zuständigkeit beider Ämter erstreckte sich auf den nördlichen Teil der „wiedervereinigten" Stadt. Zur selben Zeit gingen ursprüngliche Aufgaben der Polizei auf die Städte über. Der Polizei verblieben nur reine Sicherungsaufgaben, Verfolgung von Straftaten und Verkehrssachen.

So eine große Umschichtung geht nicht von heute auf morgen. Unwissenheit und Unkenntnis der Gesetze taten ein Übriges. Aber nach und nach kam alles in die Reihe.

Die Zwangsbewirtschaftung hörte auf. Die im Wirtschaftsamt tätigen Dienstkräfte mussten anderweitig untergebracht werden. Rausgeschmissen wurde so schnell keiner; denn die Aufgaben der anderen (neuen) Ämter stiegen und stiegen.

§ 15 PREISBEHÖRDE

Wegen der vielen Arbeit und meiner bereits erworbenen Kenntnisse setzte es der Leiter der Preisbehörde durch, dass ich dort meine erste Planstelle erhielt. Das schmeckte mir überhaupt nicht. Musste ich doch wieder rechnen!

Bei der Kasse gab es eine kleine Rechenmaschine. Deren Bedienung war einfach. Die Zahlen mussten durch Hebel eingestellt und die Kurbel gedreht werden. Für die Rechnung 2,85 x 3,77 musste 2,85 mit den Hebeln eingestellt werden, dann Kurbel dreimal drehen, weiterschieben, Kurbel siebenmal drehen, nochmals weiterschieben und die Kurbel wieder siebenmal drehen.

Die Addition war einfacher: Zahlen einstellen, einmal kurbeln, nächste Zahl, kurbeln usw. Umgekehrtes Kurbeln bewirkte die Subtraktion. Dividieren konnte man angeblich damit auch, aber das habe ich nie geschafft.

Bei einer günstigen Gelegenheit „organisierte" ich dieses Maschinchen für die Preisbehörde. Überhaupt wurde viel „organisiert". Kam ein Kollege „zufällig" vorbei um „Guten Tag" zu sagen, dann lohnte sich das Aufpassen immer, sonst fehlten nachher Bleistifte, Locher, Papier usw. Auch ich machte manchen lohnenden Besuch.

Nach vielen und dringenden Anträgen bewilligte das Beschaffungsamt uns eine vollautomatische elektrische Rechenmaschine. Ein Riesending für 3,000,- DM.

Bei dieser Maschine musste man auch die Zahlen mittels Tastatur eingeben, dabei auf Kommastellen achten und dann den Startknopf drücken. Mit vielem Gerumpel, besonders beim Dividieren, legte sie dann los. Sie hörte sich an wie eine Waschmaschine, aber sie rechnete wenigstens richtig.

Besetzt war die Preisbehörde auf dem Höhepunkt ihrer Tätigkeit mit Amtsleiter, zwei Sachbearbeitern (einer davon war ich), drei Außendienstbeamten und zwei Stenotypistinnen. Die beiden Mädchen saßen mit uns zusammen und wir diktierten direkt in die Maschine.

Je nach Gegebenheit mussten Durchschläge gemacht werden. Etwa bei zehn Mietern eines Hauses mindestens 12 (einen für die Akten und einen für den Eigentümer). Zwölf Durchschläge schafften unsere Schreibmaschinen aber nicht. Also musste der Text drei- bis viermal geschrieben werden. Kopiergeräte? Damals völlig unbekannt.

Dazu Antragsabschriften, denn den Antragsgegnern sollte Gelegenheit zur Stellungnahme gegeben werden. Es war schon eine Plackerei! Heutige Schreibkräfte können sich das gar nicht vorstellen.

Und was haben wir uns mit der „Waschmaschine" abgemüht. Wenn ich heute meinen kleinen Taschen-Computer benutze, dann höre ich im Geiste immer noch das Gerumpel!

Die Anträge wurden also abgeschrieben und an die Gegenseite gesandt. Dann trat der Außendienst in Aktion. Hätte ich nur die vielen Anträge mit Stilblüten gesammelt! Einige fallen mir noch ein, z. B. schrieb ein Mieter: „Ich bitte um Wertminderung meiner Wohnung. Das ist leicht, denn sie ist feucht". Oder: „Ich wollte den Untermieter gar nicht haben, sondern einen Bergmann zwecks voller Verpflegung und späterer Heirat, wie auch vom Schacht zugesichert".

Zitat aus einem Antrag des Hausbesitzer-Vereins: „Es wird um Erhöhung der Mieten gebeten. Sie sind zu niedrig, und zwar deshalb, weil sie wirklich zu niedrig sind". Ein anderes Zitat: „Die Mieter leben herrlich und in Freuden, während ich an der Substanz meines Hauses zehre, was nicht mehr lange hält".

Die Außendienstbeamten hatten die Aufgabe, die Wohnungen zu vermessen und zu beschreiben, Vergleichsobjekte zu ermitteln und Vorschläge zu machen. Die Berichte waren meistens etliche Seiten lang.

Danach die Entscheidung zu treffen, war unsere nicht leichte Aufgabe. Einspruchsmöglichkeiten gab es nicht, allenfalls eine Dienstaufsichtsbeschwerde. Aber darauf brauchten wir nicht hinzuweisen.

Eigenartig war, dass wir bei der Festsetzung der Mieten kaum Schwierigkeiten hatten. Dagegen gab es bei Wassergeld und Stromkosten für Treppenhaus und Keller, Waschküche und Speicher Kämpfe bis aufs Messer. Wasser kostete damals um die 10 Pfennig je Kubikmeter. Man kann sich das heute nicht mehr vorstellen, warum die Menschen sich bei so kleinen Beträgen zankten!

Wir waren für die „Sieger" gute Beamte und für die „Unterlegenen" faule Hunde! In etwa ist das überall so!

§ 16 BEREICHERUNG DER DEUTSCHEN SPRACHE

Als der Wiederaufbau mit zinsverbilligten öffentlichen Mitteln begann, wussten wir bald nicht mehr, wo oben und unten war! Von jedem Bewilligungsbescheid bekamen wir eine Ausfertigung und hatten nach Fertigstellung der Häuser die Einhaltung der festgesetzten Mieten zu überwachen. Eine schier unlösbare Aufgabe. In den meisten Fällen stimmten die Kostenansätze nicht mit den Endrechnungen überein. Da hieß es: Neue Wirtschaftlichkeitsberechnungen erstellen. Es ist heute kaum glaubhaft, dass die Mieten bei 0,60 DM bis 0,80 DM je qm und Monat lagen! Und das nicht nur in Neu- oder Wiederaufbauten!

Einer unserer Außendienstbeamten, Oswald Packmann, war Bauingenieur mit Studium. Wie wir an ihn gekommen sind, weiß ich nicht. Er war schon da, als ich kam. Wahrscheinlich sollte unsere Dienststelle fachgerecht arbeiten können.

Das konnte er nun wirklich. Seine Berichte waren umfangreich. Er fand die kleinsten Mängel in Wohnungen und Häusern. Seine Wohnflächenberechnungen hielten jeder Nachprüfung stand.

Seine Schrift hätte jeder lesen können: wie gestochen, und keine Fehler! Aber der geschraubte Stil konnte einen die Haare hochtreiben.

Proben:
„Das Haus hat einen Eisenkonstruktionsdrahtglashausflachvorbau."
„Die Fenster sind mit Außenholzrolladen versehen."
„Im Flur befindet sich ein Treppenhausholzhandlaufgeländer."
„Das Kämmerchen ist geh- und stehbehindernd."
„Im Klo befindet sich ein Muschoirbecken."

Wenn ich mir diese und ähnliche „Wortschatzbereicherungen" nicht notiert hätte, bekäme ich sie kaum noch hin!

Oswald reagierte auf keine Vorhaltungen oder auf Lachen. Andererseits war er gutmütig und leicht beeinflussbar.

Eines Morgens sagte ich bei der Begrüßung, er sehe mies aus. Krank? „Nö, mir gehts gut." Er hatte aber nicht damit gerechnet, dass die anderen Kollegen sofort witterten, dass eine Veräppelei im Gange war.

Einer nach dem anderen machte Bemerkungen, dass er schlecht aussehe, sogar unser Chef. Das reichte. Oswald erklärte, er fühle sich eigentlich nicht besonders ... und dann meldete er sich krank. Drei Tage mussten wir auf seine Wortschöpfungen verzichten.

Oswald war nebenbei ein großer Pantoffelheld. Zu jener Zeit erhielten wir unsere Gehaltsabrechnungen auf schmalen Streifen. Diese Streifen waren je nach Amt geordnet und bildeten eigentlich einen großen Bogen. Diese Bögen musste unser Chef auseinanderschneiden. Der erste Streifen war leer. Auf ihm stand nur die Bezeichnung des Amtes.

Anlässlich einer Gehaltserhöhung brummte Oswald, dass seine Frau wieder alles kassieren würde.

Ich konnte helfen und fischte den ersten (leeren) Streifen aus dem Papierkorb des Chefs und fälschte ihn so, dass Oswald beweisen konnte, nicht mehr erhalten zu haben. Dreimal ging das gut, bis Oswalds Frau dahinterkam.

Gab das einen Zirkus!

§ 17 FUßBALLTOTO

Die Dienststelle brauchte dringend Verstärkung, denn weitere Aufgaben kamen auf uns zu: Fundbüro, Annahmestelle für Führerscheine, Zwangsunterbringung von Geistes- und Suchtkranken, usw. Wir mauserten uns schnell zum Amt für öffentliche Ordnung.

Zu meiner Freude stieß auch Herbert Dittmann zu uns. Ich habe ihn schon erwähnt.

Die Räume reichten nicht mehr aus. Also zogen wir um, aber nicht nur einmal. Das war jedes Mal ein Fest! Wir mussten ja alles allein transportieren.

Mit Juppheidi und Tralala schoben wir Schreibtische und Schränke über die Flure, was denen nicht gerade guttat.

Bei aller Arbeit vergaßen wir aber nie, unsere Fußballtoto-Scheine rechtzeitig abzugeben. Damals waren noch zwölf Tipps anzukreuzen. Unsere Stenotypistin, Annemarie Schroeder, konnte man ruhig als hübsch bezeichnen. Fleißig war sie auch. Wenn sie nur nicht so sparsam, eher geizig gewesen wäre.

Das "unnütze Geldausgeben" für das Toto hielt sie uns jede Woche vor. Nicht wir würden gewinnen, sondern sie, weil sie das Geld spare! Aber dann machte sie einen großen Fehler. Sie füllte auch einen Totoschein aus. Einsetzen des Namens und der Anschrift war nicht nötig, sie gab den Schein ja doch nicht ab. Sie wollte ihn uns am nächsten Montag vor die Nase halten und höhnen: "Seht Ihr, nix! Aber mein Geld habe ich noch!"

Blickkontakt zwischen Herbert und mir! Alles klar?

Montagmorgen waren wir früh im Büro. Das Schreibtischschloss hielt unseren Bemühungen (fast jeder andere Schlüssel passte) nicht lange stand ... und dann trat ein Schein mit 12 Richtigen an die Stelle des anderen. Scheinheilig verzogen wir uns und warteten im Nebenzimmer.

Es kam so, wie wir es uns vorgestellt hatten. Annemarie erschien, schloss auf, holte den Schein heraus und wedelte uns damit vor den Nasen herum.

Sie ergriff die Zeitung, blickte einmal, zweimal, dreimal auf die Tabelle; und dann kippte sie uns fast vom Stuhl! 98 000,00 DM gab es für 12 Richtige!!!

Wir konnten sie einfach nicht bremsen. Sie rannte heulend zu ihren Kolleginnen in den anderen Dienststellen, rief zu Hause an. Im Nu war dieses „Pech" überall bekannt. Zu spät für uns, um zu bekennen. Tagelang hörten wir ihr Gejammer. Als sie sich endlich beruhigt hatte, klärten wir sie auf.

Von da ab mied sie lange das „Du" und sprach nur rein dienstlich mit uns.

Aber klug war Annemarie doch! Sie schwieg und hörte sich lieber noch einige Zeit die Mitleidsbezeugungen an. Auch Herbert und ich hielten die Klappe.

§ 18 DAS AMT FÜR ÖFFENTLICHE ORDNUNG

Eines Tages war es dann endlich so weit, das Ordnungsamt „stand". Das Gesetz über Aufbau und Befugnisse der Ordnungsbehörden - kurz: Ordnungsbehördengesetz - OBG - war erlassen.

Mir kamen etliche Formulierungen bekannt vor. Ich suchte und wurde fündig: Teilweise abgeschrieben aus dem Preussischen Polizeigesetz, das wiederum auf § 10 Abs. 2, Nr. 17 des noch älteren Preußischen Landrechtes zurückgriff.

Waren doch gar nicht so schlecht, die alten Preußen.

Wieder umziehen. Unsere vorläufig „endgültige" Bleibe lag am Ende des Hauptflures im 1. Obergeschoß des Rathauses. Natürlich waren wir „nur" Zweigstelle, aber doch recht selbständig. Um spätere Ereignisse verständlich zu machen, muss ich die Örtlichkeit genau schildern.

Chefzimmer am Ende des Flurs. Um noch mehr Raum zu gewinnen, hatte man das letzte Flurstück mit Holz und Glas abgetrennt. Der Chef hatte also keinen direkten Zugang. Er musste immer durch das nächste Büro und die Innentür. Hier hockten Herbert und ich.

Im dritten Raum mit Innen- und Außentür arbeiteten ebenfalls zwei Kollegen, und im vierten Zimmer, ein kleiner Saal, natürlich mit Innen- und Außentür, saßen drei und manchmal vier Kollegen.

Der nächste Raum war die Damentoilette. Daran schlossen sich an: ein Saal für die Außendienstbeamten (Ermittlungs- und Vollzugsdienst) sowie zwei Räume für das Straßenverkehrsamt, das nun eine Abteilung des Ordnungsamtes war.

Im erwähnten „Glaskasten" waren die drei Vernehmungsbeamten tätig. Auf diese Drei komme ich auch noch zurück. Alles in allem gehörten zum Ordnungsamt nun rund 50 Mann. In der ersten Zeit knirschte es noch im Getriebe.

Es fehlte hier und da an Gesetzen, Büromaterial usw. Aber das brachte uns nicht um. Trotz der vielen Arbeit ging der Humor nicht flöten.

§ 19 WAS SUMMT DENN DA?

Unser Chef, der Zweigstellenleiter, war ein prächtiger Mensch. Groß, schlank, weiße Haare, schwarze Augenbrauen. Westfale mit unerschütterlichen Grundsätzen. Meistens fröhlich, konnte aber auch mal losdonnern und mit der Faust auf den Tisch schlagen. Leider etwas schwerhörig und, oh Gott ... so sparsam wie der Sparkassenleiter. Das ganze Büromaterial hielt er in seinem Schrank unter Verschluss. Wieder gab es keine Stifte ohne Stummelrückgabe.

Papier gab es sogar nur blattweise! Das konnte nicht so bleiben.

Ich erklärte ihm, dass so minderwertige Aufgaben nicht zu den Tätigkeitsmerkmalen eines leitenden Beamten gehörten! Ob er denn glaube, dass irgendein anderer Zweigstellenleiter mehr tue, als dafür zu sorgen, dass alles richtig und gesetzmäßig läuft.

Ich schlug vor, Herbert damit zu beauftragen. Kontrollieren könne er dann immer noch, ob Material nutzlos verschwendet würde. Das sah er ein.

Kurz darauf nahm er seinen Urlaub. Wir legten los und bestellten einfach alles, was auf dem Bestellschein angeboten wurde. Von allem und auch viel. Das Beschaffungsamt würde ja doch streichen. Siehe da, trotz Streichungen bekamen wir mehr als wir je hatten.

Das meiste wurde versteckt, wegen der Kontrolle. Die fand auch sofort nach Rückkehr aus dem Urlaub statt. „Na ja, bisschen viel", stellte er fest „aber nicht übertrieben!".

Herbert hatte einen elektrischen Summer gekauft. Der sollte zu Hause die schrille Türklingel ersetzen. Eine Batterie zum Ausprobieren hatte er auch. Was konnte man damit machen? Kurze Beratung, und ich verschwand zum Chef. Gab ja viel zu besprechen.

Herbert aber ging in den „Glaskasten" und hielt den Summer an die nutzlose Außentür des Chefzimmers. Es machte „ssuumm - ssuumm - ssuumm", mal oben und mal unten. In alle Himmelsrichtungen drehte der Chef den Kopf. Ob ich auch so ein Summen höre? „SSuumm -. ssuumm - ssuumm"! Nein, ich hörte nichts, vielleicht von draußen? Der Chef schloss das Fenster, und da wurde das Summen noch lauter.

Vielleicht von der Heizung? Es summte und summte. Ich konnte mir das Lachen nicht mehr verkneifen und ging, um Herbert abzulösen, der das auch erleben wollte. Es klappte wieder ausgezeichnet.

Am nächsten Tag kam der Chef später. Er war beim Ohrenarzt! Aber die Spülungen halfen nicht viel. Hin und wieder summte es doch noch mal, besonders wenn er Besuch hatte!

§ 20 ERMITTLUNGS- UND VOLLZUGSDIENST

Es wäre müßig, sämtliche Aufgaben des Ordnungsamtes aufzuzählen. Wenn ich danach gefragt wurde oder werde, dann lautete und lautet meine Antwort: „Wir müssen alles das machen, wofür kein anderes Amt zuständig ist".

Das ist nicht übertrieben! Dafür aber ist es im Ordnungsamt auch nie langweilig. Man lernt die Sorgen und Nöte des einfachen Mannes kennen, sowie die Wünsche und Anliegen des Rechtsanwaltes, des Arztes, eben derjenigen, die man als „höhere Schichten" bezeichnet. Manchmal war die Vernunft der höheren Schicht nur sehr dünn, während der „einfache Mann" Herz und Verstand zeigte.

Für unsere Arbeit waren örtliche Feststellungen praktisch unverzichtbar. Darüber hinaus ermitteln die „Außendienstbeamten" für viele städtische Dienststellen, andere Städte, Gerichtskassen, Arbeitsämter, Jugendämter und Landes- sowie Bundesbehörden. Sogar aus dem Ausland kommen Anfragen.

Das geht von Ersuchen zur Feststellung der Zahlungsfähigkeit, der Arbeitsstelle, der Klärung unvollständiger Anträge, der Nachlasssicherung bei alleinstehenden Personen, Berichte über Ruf und Führung von Bürgern bis zur Begutachtung von Ordensanwärtern. Die Aufzählung ist keinesfalls vollständig.

Diese Aufgaben dürfte man eigentlich nur besonders ausgebildeten Personen übertragen. Aber da liegt es sehr im Argen. „Das bisschen kann der doch machen!", heißt es noch heute. So kommt es, dass anderweitig nicht brauchbare Dienstkräfte zum Ermittlungs- und Vollzugsdienst „abgeschoben" werden.

Beim Ermitteln bleibt es nicht! Die Vollzugstätigkeit setzt ausreichende Gesetzeskenntnisse voraus! Fingerspitzengefühl und Menschenkenntnis kommen dazu. Wie schwer ist es zum Beispiel in einem „leichten" Fall, die angeordnete Vorführung einer Dame des horizontalen Gewerbes zum Gesundheitsamt zu bewerkstelligen! Wie kompliziert wird es erst, einen gemeingefährlichen Geisteskranken in eine Heilanstalt zu bringen oder einen Gewerbebetrieb zu schließen.

Im Ermittlungs- und Vollzugsdienst landeten u. a. auch freigewordene Dienstkräfte des Wirtschaftsamtes, die früher nur Lebensmittelkarten ausgegeben und abgerechnet haben. Als glücklichen Umstand kann man es bezeichnen, dass die meisten Kollegen eine abgeschlossene Ausbildung in einem anderen Beruf hatten. Wir hatten Bäcker, Metzger, Schreiner, Gärtner usw. im Außendienst.

Hin und wieder gelang es mir, Kollegen zu überreden, die Verwaltungsschule zu besuchen. Schafften sie die Prüfung, dann waren sie meistens sehr schnell weg in besser bezahlte Positionen. Verständlich, aber ärgerlich.

Vor der Einrichtung des Ordnungsamtes gab es zwar immer schon den „allgemeinen" Ermittlungsdienst, aber Meldeamt und Sozialamt hatten eigene Außendienste. Es konnte deshalb vorkommen, dass an einem Tag mehrere Beamte in einem Haus oder bei einer Familie recherchierten. Um dem abzuhelfen, wurden alle Außendienstler zusammengefasst, und jeder musste alles machen. Im Prinzip eine gute Idee! Es dauerte aber Jahre, bis das einigermaßen klappte. Manche „faule Nuss" musste ausrangiert werden.

Boss dieser Mannschaft war lange Jahre „Hännes", ein ehrenwerter Mann. Auf sein Kriegsleiden (Kehlkopfverletzung) gehe ich besonders ein, weil ich darauf später zurückkomme. Hännes konnte nur ganz heiser sprechen. Mit eiserner Hand führte er seine Truppe.

Ohne seinen Sichtvermerk ging kein Bericht heraus, und wenn dieser auch mehrmals neu gemacht werden musste. Von Hännes habe ich viel gelernt.

Mit der Zeit kannten die Außenbeamten ihre „Kunden" genau. Sie lernten Kniffe, um an die verlangten Angaben zu kommen. Die meisten hatten sogar richtige Auskunftsquellen. Trinkhalleninhaber oder Rentner, die viel Zeit zu Beobachtungen hatten.

Neulingen ging es schlecht. Wenn sie angelernt wurden und ihr „Revier" kennenlernen sollten, dann schob man ihnen meist ein paar Straßenzüge mehr zu. Aber das glich sich aus, wenn der Neuling ein „alter Hase" war und selbst neue Kollegen einführte. Hännes kannte diese Methode und sorgte in Abständen für „Flurbereinigung".

Zum Ermittlungs- und Vollzugsdienst gehörten drei Spezialisten, die nur Vernehmungen und Anhörungen durchführten. Die drei Kollegen waren meistens im Büro tätig, nämlich in dem schon erwähnten abgeteilten Flurstück. Sie hatten u. a. auch für die Berufsgenossenschaften Betriebsunfälle zu untersuchen.

Die Anhörung bzw. Vernehmung der Verletzten und Zeugen gehörte dazu. Ich muss das erwähnen, weil ich auch hierauf später noch einmal zurückkomme.

§ 21 EIN FETTER BRATEN

Hännes leitete nebenberuflich das städtische Tierheim. Seine Frau hatte natürlich die meiste Arbeit damit. Hunde waren in der Überzahl bei den Heimtieren, aber auch Katzen, Ziegen und sogar einmal eine Kuh wollten versorgt werden.

Rassehunde wurden sieben Tage gehalten und dann, wenn „Herrchen" sich nicht meldete, versteigert. Mischlinge kamen schon nach drei Tagen unter den Hammer.

Nicht versteigerte Tiere konnte Hännes aber dann auf eigene Rechnung weiter halten und verkaufen. Für jedes Tier erhielt Hännes eine Vergütung, die nach Größe des Pfleglings gestaffelt war. Nicht versteigerte oder verkaufte Tiere wurden mit einer Starkstromeinrichtung getötet. Das ging in Sekundenschnelle. Die Kadaver holte eine Abdeckerei.

Die Versteigerung durfte Hännes nicht selbst durchführen. Ein anderer Beamter des Ordnungsamtes hatte das zu tun. Ich ging nie gerne zum Tierheim. Die kleinen Hunde taten mir so leid, wenn sie nicht gekauft wurden. Ich wusste ja, was dann kam.

Eines Tages war ich wieder an der Reihe, die Versteigerung durchzuführen. Gekommen war nur ein älterer Mann. Da dieser sich schon einen Hund ausgesucht hatte, der Tage zuvor nicht versteigert wurde, brauchte ich nicht tätig zu werden. Hännes holte den „Auserwählten" - einen dicken und fetten Bastard - aus dem Zwinger. Ob der Herr Halsband und Leine brauche? Ein schöner Hund sei das ja nicht. Der Besucher haute uns mit seiner Antwort fast aus den Socken.

Er sagte, und in Platt, das er sprach, klang das noch viel schöner: „Nägste Week hebb ich Goldene Hochtid. Da kommt dä inne Pann. Ich hebb keen Geld, und merken dut dat nömmes!" Wir lachten Tränen.

Hännes bot dem Alten an, den Hund zu töten. Empört wehrte der ab: „Wat, ich soll den schleppen? - Nee, lot em ma lopen. Abmurksen kann ich em ook alleen!"

Der arme Köter freute sich sichtlich, dass er dem Tierheim entronnen war!

§ 22 DIE STIMME AUS DEM JENSEITS

Walter Roemer, unser Sachbearbeiter für das ambulante Gewerbe, war immer lustig und zu Scherzen aufgelegt. Seine besondere Gabe bestand darin, dass er Stimmen so imitieren konnte, dass sie wie echt klangen.

Am Telefon merkte niemand etwas. Besonders gut konnte er die heisere Stimme von Hännes nachmachen. Reihenweise legte er Kollegen damit herein, ... nur mich nicht. Hännes nannte mich immer „Karlchen", und das wusste Walter nicht.

Einer der drei Vernehmer hieß allgemein nur „Körnchen", weil er für Kornschnaps schwärmte. Leider hatte er davon immer ein Fläschchen im Schreibtisch. Nur Eingeweihte merkten, wenn „Körnchen" zu viel Korn intus hatte. Natürlich hätte das gemeldet werden müssen, aber „Körnchen" stand schon kurz vor der Pensionierung, als wir ihn übernahmen. Seinen Dienst verrichtete er ganz gut.

Hännes aber lebte nicht mehr lange. Am Tage nach der Beerdigung tröstete sich Körnchen zu ausgiebig.

Roemer schickte uns, so an die fünf Mann, in den Glaskasten, um Körnchen eins auszuwischen. Das Telefon klingelte, Körnchen meldete sich ... und erbleichte. Wir konnten deutlich die heisere Stimme unseres geliebten Hännes hören. Körnchen stotterte und fragte dann: „Mein Gott, Hännes, von wo sprichst Du?"

Körnchen war so fertig, dass wir ihn nach Hause bringen mussten.

§ 23 IRRWEGE

Wie bereits geschildert, lag die Damentoilette der Etage zwischen unseren Büros. Damen suchen so einen Raum ja öfter auf als Herren, nicht nur wegen der „Geschäfte", sondern auch zur Auffrischung der äußerlichen Erscheinung!

So herrschte trotz Überzahl der Herren zu bestimmten Zeiten in unserem Bereich Damenhochbetrieb. Wer die ursprüngliche Idee hatte, weiß ich nicht mehr. Aber ich war orientiert.

Eines Tages prangte an der entfernteren Herrentoilette, die ja schon einmal ausgeraubt worden war, ein Schild mit fein gemalten Buchstaben, für die es Schablonen nur beim Bauamt gab!

> **Achtung!**
> **Herrentoilette wegen Renovierung**
> **geschlossen. - Bitte Damentoilette**
> **neben Zimmer 123 benutzen!**

Nun hätte ja eigentlich an der Tür zur Damentoilette ein Gegenstück hängen müssen, das den Damen eine Ausweichmöglichkeit bezeichnete. Aber das lag nicht im Sinne der Erfinder!

Der Erfolg war grandios!

Trotz geschlossener Türen hörten wir die Entsetzensschreie der gefoppten Damen, die aus den Kabinen „besetzt" aus männlichen Kehlen vernahmen. Außerdem trafen sie ja auch noch Männer am Waschbecken. Nur gut, dass es hier keine „Stehbecken" gab.

Nach etwa einer Stunde rauschte der Rathausboss, Leo Janzt, an. Merkwürdigerweise war das Schild an der Herrentoilette kurz vorher verschwunden. Der Informationsdienst aus seinem Vorzimmer klappte ausgezeichnet!

Janzt stöberte einige Zeit bei Herbert und mir herum und stellte Fragen. Wir wussten, dass er die Wahrheit kannte oder ahnte.

Aber Beweise, die hatte er nicht, und wir spielten die Unschuldslämmer.

Na ja, die Sache war bald vergessen. Doch etwas später entrollte Herbert ein großes Plakat mit derselben feinen Schrift. Danach war das Hauptportal des Rathauses vom Einsturz bedroht. Man müsse die beiden Hintereingänge benutzen!

Mir juckte das Fell sehr, aber die Entdeckungsgefahr war zu groß! Leider wurde so nichts aus der Sache.

Schön wäre es gewesen.

§ 24 TAG DER ARBEIT

Im Jahre 1954 war mein Sparkonto so weit, dass ich mir ein Auto kaufen konnte. Natürlich einen VW und auch noch „Export"-Modell mit Chromleisten und Heckfenster ohne Sprosse! Farbe: Ultra-Maron, eine Sensation! Der Name Käfer kam erst viel später auf.

Eine Zusatzeinrichtung ermöglichte mir das Fahren ohne Gebrauch der Beine. Allerdings musste ich deswegen nach Offenbach. Meine Fahrprüfung legte ich auch mit diesem Wagen ab. Natürlich bekam mein Führerschein einen Vermerk, wonach ich nur Autos mit dieser Zusatzeinrichtung lenken dürfe.

Es war ein herrliches Auto, über 125.000 km ließ es mich nicht im Stich.

Aber ich war nicht der erste Beamte mit eigenem Auto. Zwei andere Kollegen benutzten vor mir den riesigen Hof als Parkplatz. Das Tor wurde nachmittags verschlossen, und wir drei hatten je einen Schlüssel.

Meine Mutter konnte mir morgens kein Frühstück machen, weil sie als Wirtin immer erst spät ins Bett kam. Kaffee kochen konnte ich, und auch ein paar Butterbrote selbst schmieren machte keine Schwierigkeiten.

Eines Tages fuhr ich nach dem Frühstück los.

Am Rathaus angekommen, wunderte ich mich, dass das Tor noch verschlossen war. Normalerweise war einer der beiden anderen Autobesitzer früher da. Da musste ich mich also selbst bequemen. Nanu? - Hintertür verschlossen? - Schlief der Hausmeister noch? - Und überhaupt war alles so ruhig!

Ich setzte mich wieder in den Wagen und fuhr eine Runde um das Rathaus. Da fiel es mir wie Schuppen von den Augen! Die Plakate für den Tag der Arbeit waren doch schon ein paar Tage alt! Ich wollte absolut nicht an diesem Tag arbeiten und fuhr wütend auf mich selbst nach Hause.

Am nächsten Tag erzählte ich mein Missgeschick ... leider! Die Reaktion der Kollegen war ganz natürlich: Sie lachten sich schief.

§ 25 WACHSTUM

Das „Wirtschaftswunder" ging ständig weiter! Es gab aber nicht nur immer höhere Produktionszahlen und höhere Gehälter, auch für uns. Bundestag, Landtag und Rat der Stadt wollten nicht zurückstehen. Auf Teufel komm raus ergingen Gesetze, Verordnungen, Satzungen, Durchführungsbestimmungen und Erläuterungen dazu. Auch die Kommentatoren schliefen nicht!

Es musste ALLES geregelt werden!

Die Hauptleidtragenden waren die Beamten aller Sparten. Die Finanzbeamten waren genauso arm dran, wie die vom Zoll oder von der Polizei.

Die Aufgaben wuchsen unermesslich. Das Studium der Flut von Vorschriften nahm sehr viel Zeit in Anspruch. Die Bürger wurden böse, weil sie länger warten mussten. Sie schöpften mit Hilfe von tüchtigen Anwälten alle Rechtsmittel aus. Die Bundesrepublik wurde ein Rechtsstaat ohne Beispiel. Wir sprachen vom „Rechtsmittelstaat".

Die viele Arbeit erforderte mehr Personal.

Sozialamt, Jugendamt, Wohnungsamt, Bauordnungsamt usw. platzten aus allen Nähten!

Für witzige und lustige Unterbrechungen war keine Zeit mehr, im Gegenteil: Wir gifteten uns wegen Kleinigkeiten an. Zum Beispiel tobte ein Kollege, weil er zu Hause in seiner Aktentasche den Inhalt einiger Locher fand. Ein anderer war sauer, weil er sein Auto wegen unerklärlicher Fahrgeräusche zur Werkstatt bringen musste und man dort Steinchen in den Radkappen feststellte!

Über solche Kleinigkeiten hätten wir früher nur gelacht, auch als Betroffene.

Im Jahre 1961 platzte dann eine Bombe besonderer Art. Das Rathaus war zu klein geworden. Eine Dienststelle (mit viel Publikumsverkehr) sollte ausziehen.

Wen hatte man ausgeguckt? Natürlich das Ordnungsamt! Wir hätten die meisten Besucher. In dem neu vorgesehenen Haus würde das nicht so stören. Der Chef wollte schon zustimmen. Mit vereinten Kräften konnten wir ihn aber dazu bringen, erst einmal die Örtlichkeit zu prüfen. Keiner von uns kannte das Haus von innen.

§ 26 DAS KONSUM-HAUS

Um es gleich vorwegzunehmen: In dem sogenannten „Konsum-Haus" habe ich die schönsten Jahre meiner Dienstzeit verbracht! Der alte Backsteinbau lag etwa 200 Meter vom Rathaus entfernt. Er diente früher einer Konsum-Genossenschaft als Hauptbüro.

Die Stadt hatte das Gebäude gekauft, weil es einer geplanten Straßenerweiterung im Wege stand.

Die „Besichtigungskommission" (Chef, Herbert Dittmann, der Sachbearbeiter des Straßenverkehrsamtes und Ich) zockelten also los.

Was wir vorfanden, wurde in einem Bericht festgehalten.

Ich zitiere aus dem Gedächtnis:

„Das Konsum-Haus besteht aus zwei Hälften. In der rechten Hälfte sind das städtische Leihamt und eine Kfz-Werkstatt untergebracht, die linke ist für das Ordnungsamt vorgesehen. Erdgeschoß: Drei miteinander durch Zwischentüren verbundene Räume von je ca. 20 qm, ein gleichgroßer separater Raum. Fenster zur Vorderseite, Waschküche (!) und zwei weitere Räume von auch ca. 20 qm zur Rückseite mit zugemauerten Fenstern, weil da der Anbau des Leihamtes lag. Getrennte Damen- und Herrentoiletten.

Obergeschoß: Nach vorne wie vor. Zimmer zur Rückseite, drei, mit Fenstern und Zwischentüren. Toilette auf dem Treppenabsatz.

Dachgeschoß: Vier etwa gleichgroße Räume zur Straßenseite. Rückseite: Abgeschlossene Wohnung. (Hausmeister) mit Diele, Bad und WC."

Wir waren wohl die einzigen Beamten der Stadt, die an heißen Tagen schnell mal duschen konnten!

„Gesamtzustand: Verwohnt. Schiefe Holzböden. In den Fluren schlechte Beleuchtung (nur Fassung mit Birne). Großer Hof mit anschließender Remise."

Wir waren uns schnell einig, dass wir zustimmen würden, wenn alles renoviert würde. Wir forderten neue Tapeten in allen Räumen, Egalisierung der Fußböden, vernünftige Lampen und eine kleine Küche, für die das letzte Stück Flur im Obergeschoß abgetrennt werden könnte.

Man sagte uns alles zu. Nach ungefähr vier Wochen war das Konsum-Haus nicht wiederzuerkennen. Es war mehr getan worden, als wir verlangt hatten; nur, um uns loszuwerden!

Den Umzug planten wir generalstabsmäßig.

Die ersten drei Räume im Erdgeschoß erhielt das Straßenverkehrsamt. Im letzten Zimmer brachten wir unseren „Fundminister" unter, der gleichzeitig die beiden Räume mit vermauerten Fenstern zu Lagerzwecken nutzen konnte.

Die Waschküche wurde zum Abstellraum „für alles" umfunktioniert. Im Obergeschoß bekam der Chef den ersten Raum, im Zweiten etablierten sich zwei Sachbearbeiter und ein Anwärter. Raum Nr. Drei war für mich bestimmt. Das vierte Zimmer in der Reihe wurde Schreibraum (jetzt drei Damen). Die fünf Sachbearbeiter für Gewerbewesen ließen sich in den drei nach hinten gelegenen Räumen nieder.

Auf die Zimmer im Dachgeschoß verteilten wir die Außenbeamten. Diese Kollegen waren besonders froh, dass sie nicht mehr alle in einem Saal hocken mussten. Die kleine Küche mit Kühlschrank (!) und Heißwassergerät war betriebsbereit.

Einige Schwierigkeiten gab es mit den Telefonen. In meinem Zimmer liefen die Leitungen in einem Wandschrank zusammen. Aber auch hier kam alles in die Reihe.

Warum ich das Gebäude und die Aufteilung so ausführlich beschreibe? - Nun, in den nächsten Jahren spielte sich hier manches ab, dass man ohne Kenntnis der Räumlichkeiten nicht verstehen würde.

In der Remise stellten wir unsere Wagen ab. Auf dem Hof konnten die Besucher parken. Wir hätten uns wirklich nichts Besseres wünschen können.

Der Bezirksleiter besuchte uns ein einziges Mal. Der Bote war unser alleiniger Verbindungsmann zum Rathaus, abgesehen vom „Fundminister", dem eine Gebührenkasse aufgebürdet wurde und der einmal in der Woche mit der Kasse im Rathaus abrechnen musste.

Ach ja, es gab über dem Eingangsvorbau noch eine allseits geschlossene Veranda, wie eine Art Wintergarten. Dieser helle Raum mit ca. 25 qm Fläche, Heizung und Gardinen, wurde das Domizil der drei Vernehmer.

§ 27 DIENSTBESPRECHUNG

Der Chef setzte die erste Dienstbesprechung an. Alle Mann versammelten sich in den beiden ersten Räumen des Dachgeschosses.

Die Verbindungstür war zweiteilig, so dass man eine große Öffnung schaffen konnte. Obwohl es ziemlich eng wurde, konnte doch jeder der Besprechung folgen.

Später wurden die Dienstbesprechungen immer dort veranstaltet.

Die Außenbeamten kamen direkt aus ihren Revieren. Ihre „Einheitslodenmäntel" hängten sie auf, wo es gerade möglich war: an Fenstergriffen, Türhaken, Stuhllehnen... übrigens wurden die Lodenmäntel von der Stadt gestellt. Jedes zweite Jahr gab es einen neuen.

Alle qualmten wie die Schlote, und die wenigen Aschenbecher waren schnell voll.

Hier muss ich einen Einschnitt machen und einen Kollegen beschreiben, der oft das Ziel von Streichen war. Irgendwie forderte er geradezu heraus, dass man sich mit ihm „beschäftigte".

„Ari" Hellmer hieß er. Er war klein, rundlich, hatte nur noch siebzehn Haare und eine außergewöhnlich große Klappe. In jedes Gespräch mischte er sich ein, um seinen Senf dazuzugeben. Dabei war er keineswegs bösartig. Im Gegenteil, immer hilfsbereit und fröhlich. Sein „Erzfeind" war Hans Schwehr. Der ließ keine Gelegenheit aus, um Ari zu foppen.

Hans flüsterte Ari während der Dienstbesprechung etwas zu und zeigte verstohlen auf einen der Mäntel, dessen Tasche sich nach außen beulte. Ari grinste freudig, und dann tat er, als wolle er einen Ascher leeren. Klammheimlich schüttete er die Kippen und die Asche in diese Manteltasche.

Am Ende der Besprechung suchten die Außendienstbeamten ihre Mäntel zusammen. Dabei stellte sich heraus, dass Ari die Kippen in seine eigene Manteltasche gekippt hatte! Natürlich fluchte und wetterte er, weil Hans ihm zugeflüstert hatte, es sei der Mantel eines anderen.

Aber das war noch nicht alles! Während Schwehr den Mantel richtig „vorbereitete", fand er Aris Schlüsselbund. Als er mal „eben musste", entführte er Aris Auto aus der Remise und stellte es im hintersten Winkel des Hofes ab. Scheinheilig kam Hans zurück. Den Schlüsselbund legte er einfach auf die Fensterbank.

Als Ari seinen Mantel unter Gemaule wieder sauber hatte, steckte er die Schlüssel in die Tasche. Er glaubte, er habe sie bei der Mantelreinigung dort abgelegt. Schwehr ließ uns wissen, dass wir nach Dienstschluss in der Remise warten sollten, bis Ari käme.

Und Ari kam. Beide Backen noch voll Wut über seine eigene Dämlichkeit. Aber halt, wo war sein Auto? - Der nächste Tobsuchtsanfall! Er wollte sofort die Polizei anrufen. Beruhigungsversuche von uns. Auto geklaut? Wo sei denn der Schlüssel?

Ari zog ihn aus der Tasche. Vielleicht aufgebrochen? Ehe es aber zur Katastrophe kam, „fand" Hans Schwehr den Wagen und Ari bedankte sich freudestrahlend bei ihm.

§ 28 HUNDESITTEN

Die Fenster der zur Straße hin gelegenen Räume konnte man zwar öffnen, aber der Verkehrslärm der Hauptdurchgangsstraße machte dann die Arbeit zur Qual. Ein Ausweg war, die Türen zum Flur offen zu lassen und die gegenüberliegenden auch. Wenn dann noch die rückwärtigen Fenster aufstanden, bekam man ein wenig Frischluft.

In dem, meinem Büro gegenüberliegenden, saß mein Freund Herbert Dittmann. Wir konnten uns also sehen, hin und wieder auch etwas zurufen.

Eines Tages besuchte eine Dame Herbert. Sie war nicht allein, sondern führte einen niedlichen kleinen Hund mit sich. Herbert liebte Hunde und ganz besonders seinen Dackel. Ehe es zum dienstlichen Gespräch kam, tätschelte Herbert den Hund.

Wie er denn heiße? - Ach, so ein schöner Name für den Kleinen! Der Kleine fühlte sich sichtlich wohl, fiepte Herbert an ... und hob ein Hinterbein! Ehe Herbert es verhindern konnte, war sein Schreibtisch nass und auf dem Fußboden bildete sich eine kleine Lache!

Das gefiel Herbert überhaupt nicht. Seine Laune sank. Der Dame drückte er eine Rolle Toilettenpapier in die Hand und forderte sie zur Säuberung auf.

Schnell war das NASSgeschick beseitigt, aber bei mir klingelte es!

Als Herbert wieder allein war, rief ich hinüber: „He, pass ja auf. Jeder Köter, der ins Haus kommt, macht das nach". Herbert antwortete: „Ich weiß, die Biester stecken so ihr Revier ab!"

Nun, die Türe war gelegentlich mal zu. Dann goss ich schnell verdünnten Kaffee daran. Der Boden war nicht ganz eben und langsam floss das „Hundepipi" auf Herberts Schreibtisch zu! Wenn Herbert das merkte, sprang er wutentbrannt auf und suchte den Köter. - Nein, gesehen hatte keiner etwas, aber vor ein paar Minuten war da ein Mann mit Hund.

Herbert musste mit Toilettenpapier putzen und wir standen mit Mitleid im Gesicht, dabei. „Verdammte Sauerei", schimpfte er, und „Man kann sich ja die Pest holen!"

Nach dem vierten oder fünften Vorfall dieser Art sprühte er Tür, Boden und Schreibtisch ein! Schade! Es roch nun so ätzend, dass kein Hund mehr dort pinkeln würde. Der Gestank vertrieb sogar uns!

Freundschaft hin, Freundschaft her! So eine Gelegenheit durfte ich mir nicht entgehen lassen und Herbert war sicher derselben Meinung.

§ 29 ISETTA ODER GOGGO

Albert – „Berti" - Collmann war der dritte Vernehmer, dazu der Intelligenteste. Er schrieb wie gestochen, Fehler hätte man mit der Lupe suchen müssen.

Er entstammte einer kinderreichen und hochmusikalischen Familie. Sein Lieblingsinstrument war die Posaune.

Wenn wir am Nikolaustag zum Dienst kamen, konnten wir auf dem Hof schon „Nikolaus komm in unser Haus" hören. Oft hat er uns mit seiner Posaune erfreut, z. B. bei Geburtstagen.

Außerdem trug Berti stets zwei Trommelstöcke mit sich herum. Damit raubte er uns zuweilen den letzten Nerv! Kam er in ein Büro, dann trommelte er garantiert erst einmal auf einem Stuhlsitz oder an einer Schreibtischwand. Große Angst hatte er, wenn ich einen der Stöcke erwischte. Obwohl ich drohte, den „Knüppel" zu zerbrechen, hätte ich das doch nicht fertiggebracht.

Eine Spezialität von Berti war es, einen preußischen Offizier zu imitieren. In seiner Brieftasche bewahrte er eine Brille mit anhängendem Schnurrbart auf. Das Ding klemmte er sich oft auf und schnarrte: „Haben Se jedient?" Dabei schlug er noch die Hacken zusammen.

Im Krieg hatte Berti ein Auge verloren und etliche andere Verletzungen erlitten. Seine Frohnatur litt darunter nicht.

Eines Tages überraschte Berti uns mit der Neuigkeit, dass er sich eine Isetta kaufen wolle! - Warum denn Isetta, so ein winziges Ding? - Nun, Berti hatte den alten Führerschein der Klasse IV. Damit durfte man Kraftfahrzeuge bis 250 ccm Hubraum fahren. Einen neuen Fahrlehrgang wollte er nicht mehr absolvieren.

Wir machten die Isetta so schlecht wie es eben möglich war. Herbert versicherte ihm, die Isetta habe ja nicht einmal einen Rückwärtsgang!

Was? - Das könne nicht sein. Er, Berti, habe doch schon gesehen, wenn eine Isetta rückwärtsfuhr! „Aber nicht mit dem Motor. Im Boden ist eine Klappe. Die musst Du hochziehen.

In das Loch kannst Du dann die Beine stecken und gegen den Boden drücken!" Alle anderen Beteiligten an dem Gespräch nickten zustimmend. Jawohl, so sei das! Berti war verunsichert.

Große Überraschung einige Tage später! - Berti rollte in einem Goggo auf den Hof.

Der hatte auch nur 250 ccm Hubraum. Wir gratulierten und sparten nicht mit guten Ratschlägen, Berti setzte sich ans Steuer. Er müsse mal eben zum Rathaus. Dort stellte er das Fahrzeug auf der Straße ab, hinter einem Laster!

Im Treppenhaus hörte Berti ein verdächtiges Knirschen und rannte zurück.

Oh jemineh! Der Laster hatte zurückgesetzt! Der Goggo war kaum noch einen Meter lang! Ungefähr 20 km hatte er erst auf dem Tacho!

Mit unserer Hilfe bekam Berti sehr schnell einen neuen Goggo, den aber wuchteten einige Kollegen schon am ersten Tag zwischen zwei Bäume. Berti stand kurz vor einem Herzinfarkt.

Kaputt war nichts. Mit Hilfe der Übeltäter konnte Berti dann doch noch nach Hause fahren ..., stolz wie Oskar.

§ 30 GOGGO

Die Preisbehörde für Miete und Pacht wurde bedeutungsloser. Neuere Vorschriften boten Vermietern und Mietern mehr Verhandlungsspielraum. Im Streitfall waren die ordentlichen Gerichte zuständig. Bei öffentlich gefördertem Wohnraum entschied die Bewilligungsstelle. Nur noch in ganz wenigen Fällen wünschte man unser Gutachten.

Oswald Packmann, der Wortschatzbereicherer, war längst versetzt. Als Außenprüfer verblieb uns nur noch ein Spezialist. Dieser, mit Namen Willi Hürten, war sehr groß. Insbesondere seine Arme entsprachen nicht der übrigen Erscheinung: Sie waren einfach viel zu lang. Wenn Willi sie herabhängen ließ, erreichte er mit den Händen die Kniekehlen ... im Stehen!

Meist jedoch trug Willi die Arme angewinkelt. Anzüge und Hemden konnte er nicht von der Stange kaufen.

Aber auch die Beine waren elend lang. Das war mir schon früher aufgefallen, wenn er am Schreibtisch saß. Die Schuhe ragten ein ganzes Stück darunter hervor. Berti wollte zu einem Betrieb, um einen Unfall zu untersuchen. Willi hatte in der Nähe zu tun. Also lud der stolze Goggobesitzer Willi ein, ihn mitzunehmen.

Zufällig war ich Zeuge, als Willi sich in den Goggo zwängte. Mit Ach und Krach gelang das auch.

Allerdings ragten Willis Knie so weit herauf, dass die Sicht nach vorne ziemlich beschränkt war.

Frohgemut „pröttelte" Berti los. Eine halbe Stunde später war Berti wieder da. Er wollte Hilfe holen, weil Willi aus eigener Kraft nicht mehr aus dem Goggo kam. Das gab vielleicht ein Hallo.

Vier Mann zogen, schoben und verdrehten den armen Willi! Aber sie schafften es, er kam frei! Noch nach Tagen bewegte Willi sich mit vor Schmerz verzerrtem Gesicht. Sein Bedarf an Goggofahrten war für alle Zeiten gedeckt.

§ 31 MILCHFRÜHSTÜCK

Rolf Bauer gehörte schon ziemlich lange zu unserem Verein. Konzessionen (Gastwirtschaften, Trinkhallen, Verkauf von Spirituosen generell) waren sein Metier. Ein lieber und ruhiger Vertreter seiner Zunft!

Sein Gang war so einmalig, dass er schon beim Betreten des Hauses daran zu erkennen war. Es ging das Gerücht um, er „latsche" in zu großen Schuhen. Wir mochten ihn alle.

Als mein besonderer Freund Hannes starb, wurde Rolf zum Nachfolger ernannt. Er nahm das Kommando über die Außendienstbeamten ernst. Nach deren Auftreten in der Öffentlichkeit beurteilten die Bürger „die Beamten" allgemein.

Täglich machte Rolf seine Kontrollrunden. Gegen 10.00 Uhr kam er zurück, immer mit einer Packung Milch in der Hand, gekauft im Geschäft gegenüber. Kalt mochte Rolf aber die Milch nicht. Er stellte sie entweder auf den Heizkörper oder wärmte sie in unserer „Kombüse".

Auch ich hielt mich oft „oben" bei den Außenbeamten auf. Dann wurden Problemfälle besprochen, Berichte verbessert usw. Natürlich wurde auch mal ein Witz erzählt. Bei einer dieser Gelegenheiten entdeckte ich die Milchpackung. Die Heizung stand sehr hoch, und ich wollte die Milch vor der Überhitzung bewahren.

Da Rolf nicht zugegen war, kam mir ein verrückter Gedanke.

Mit einem Taschenmesser öffnete ich ganz vorsichtig die Packung und ließ mir ungefähr die Hälfte der Milch schmecken. Dann füllte ich Wasser nach und verleimte die Packung wieder sorgfältig. Es war nichts zu sehen!

Rolf kam zurück, öffnete die Packung, trank ... und spuckte. Dann kam er ausgerechnet zu mir: „Sieh Dir mal diese Sauerei an! Ich gehe sofort hinüber und schlage Krach. Soll ich die Lebensmittelaufsicht verständigen?" Das lag aber nicht in meinem Interesse. Nein, in dem Laden sei doch sonst immer alles in Ordnung. Und sicher ein Ausrutscher.

Rolf zog trotzdem mit der Packung ab und kam schnell wieder zurück. Anstandslos hatte er Ersatz bekommen! Ich hab ihm lieber nie erzählt, dass ich im einen Streich gespielt hatte.

§ 32 HERBERT GREIFT EIN

Dienstbeginn war um 7.30 Uhr, aber schon gegen 7.10 Uhr tummelten sich die ersten Kollegen in den Büros herum, an einem Montag auch Herbert.

Als der Chef und ich zugleich in die Remise fuhren, erblickten wir Herbert auf dem Rücksitz eines Polizeimotorrades.

Er rief uns noch zu: „Geisteskranker auf der Poststraße! Will aus dem Fenster springen!" Der Polizist gab Gas und weg waren die beiden.

Nur wenig später hörten wir Martinshörner. Zwei Einsatzwagen der Feuerwehr rasten vorbei. Ich sagte dem Chef, dass das von Herbert veranlasst worden sein könnte. Vielleicht brauche er Hilfe?

Im Nu saßen wir in meinem Wagen, zwei Außenbeamte auf den Rücksitzen. Ab zur Poststraße! Dort bot sich uns ein erstaunliches Bild.

Im offenen Fenster eines Hauses stand ein Mann mittleren Alters und bombardierte alles, was sich bewegte mit Bierflaschen! Vor und hinter dem Haus standen schon Sperrposten und wollten uns nicht durchlassen. Dienstausweise heraus und wir konnten weiter.

Direkt unter dem Fenster versuchten Feuerwehrmänner mit Leitern zum Fenster zu gelangen, das immerhin im zweiten Stockwerk lag. Mit Bierflaschen hielt der Kranke sich die Männer vom Hals.

Herbert redete auf den Einsatzleiter ein, der nickte und rief: „C-Rohr fertig machen!" und dann: „Wasser marsch!" Zischend schoss der dicke Wasserstrahl den Kranken vom Fensterbrett ins Zimmer! Dort war gleichzeitig die Tür aufgebrochen worden. Mehrere Feuerwehrleute nahmen den Kranken in Empfang.

Man kann sich kaum vorstellen, welche Kräfte der Kranke entwickelte. Es dauerte etliche Minuten, bis die Zwangsjacke saß. Mittlerweile war auch der Amtsarzt da und verfügte die Notunterbringung in einer geschlossenen Anstalt.

Normalerweise lassen die Gesetze eine Unterbringung von Geisteskranken nur zu, wenn eine Gefahr für die Allgemeinheit besteht und ein Richter die Maßnahme angeordnet hat. In Notfällen, wie hier, musste die richterliche Entscheidung spätestens am nächsten Tag eingeholt werden.

Bei den meisten Unterbringungen handelte es sich um Notfälle. Entweder hatte die Polizei nachts für uns gehandelt, oder der zuständige Richter war nicht zu erreichen.

Herbert gehörte zum Gewerbesachgebiet, hatte aber vorher schon Unterbringungen durchgeführt. Überhaupt waren die Sachbearbeiter mit allen Aufgaben des Ordnungsamtes so vertraut, dass sie im Notfall handeln und bei Hochbetrieb aushelfen konnten. Für Unterbringungsfälle bestand sogar eine Wochenendrufbereitschaft.

§ 33 FEUERWEHR UND POLIZEI

Den Kollegen der Feuerwehr muss ich großes Lob spenden. Wenn immer es ging, halfen sie uns in vertrackten Situationen. Dasselbe traf auf die Polizeibeamten unseres Schutzbereiches zu!

Es gab Tage, an denen wir von Unterbringungen Geisteskranker verschont wurden. Andererseits konnte es plötzlich knüppeldick kommen. Die Erfahrung lehrte uns, dass Vollmond vermehrte Arbeit auf diesem Gebiet bedeutete. Ich erinnere mich an einen Tag, einen Freitag nach Vollmond, an dem sich alles Überschlug!

Insgesamt gab es sechs Unterbringungsfälle. Angehörige befragen, Gemeingefährlichkeit prüfen, die Kranken einem Arzt mit psychiatrischen Kenntnissen vorführen, Unterbringungsverfügungen und Antrag für das Gericht fertigen, Transport veranlassen, bei Alleinstehenden Wohnung sichern und Akten anlegen.

Trotz Einsatz aller Kollegen mit entsprechenden Kenntnissen hatten wir das ohne Hilfe von Feuerwehr und Polizei niemals geschafft. Die Feuerwehr konnte nicht gleichzeitig alle Krankenwagen einsetzen. Es hatte ja auch noch andere Einsätze geben können und bis zu unserer Aufnahmeanstalt waren es mehr als 50 km.

Einen Kranken bewachten wir sogar selbst. Er verhielt sich ziemlich ruhig, solange er rauchen konnte. Mit einem zweiten fuhren Polizeibeamte Streife, bis der Transport mit einem Krankenwagen möglich war. Es klingt unglaublich, ist aber wahr!

Wenn dann in so einer Hektik auch andere Kunden (Konzessionen, Jagdscheine, Fundsachen, Lärmbeschwerden usw.) sofort bedient werden wollten, konnte einem schon einmal der Kragen platzen. Am Montag wiederkommen? Kommt ja gar nicht in Frage. Dann müsse man eben mehr Leute einstellen. Wofür bezahle man denn die hohen Steuern? In solchen Situationen muss man die Zähne zusammenbeißen und improvisieren.

Eine andere Sache fällt mir ein, in der uns die Feuerwehr schnell und unbürokratisch geholfen hat.

Es ging um die Zwangsvorführung einer „Bordsteinschwalbe" zum Gesundheitsamt. Diese Dame hatte mehrere Vorladungen des Gesundheitsamtes ignoriert. Ihr wurde die zwangsweise Vorführung (Gesetz über Umfang und Ausübung des unmittelbaren Zwanges) angedroht, wenn sie nun nicht innerhalb ... usw. Sie ignorierte abermals. Die Zwangsvorführung wurde angeordnet.

Hans Schwehr, in solchen Sachen sehr erfahren, bekam den Auftrag. Selbstverständlich hatte ein zweiter Kollege ihn zu begleiten. An mehreren Tagen versuchten die beiden, der Dame habhaft zu werden: morgens, mittags, abends - vergeblich. Sonst oft hilfreiche Nachbarn wussten nichts. Nach einer Woche endlich sah Schwehr Licht in der Wohnung der Gesuchten.

Was tun? Klingeln? Klopfen oder rufen? Das hatte nur dazu geführt, dass das „Fräulein" entwischte. Es war ja schon dunkel.

Das Überraschungsmoment musste helfen. Schwehr rief die Feuerwehr an, schilderte den Notfall (Gefahr der Übertragung von Geschlechtskrankheiten) und kurz darauf kam ein roter Wagen mit vier Beamten. Kein Blaulicht, kein Martinshorn. Die Leiter ausfahren, hinaufsteigen und Fenster öffnen!

„Bitte Kollege, jetzt ist das Dein Bier!", sagte der Einsatzleiter der Feuerwehr. Hans stieg ein, verscheuchte einen „Freier", ein älteres Semester und nahm sich der Schwalbe an. Bestimmt war Hans nicht zaghaft. Der zweite Kollege hatte inzwischen auch das Zimmer erreicht. Die Dame fauchte, spuckte und warf mit Fäkalausdrücken um sich. Anziehen wollte sie sich nicht.

Es half ihr nichts. Sie wurde in eine Decke gewickelt und so dem Gesundheitsamt überstellt. Das Untersuchungsergebnis war positiv. Sofortige Einweisung ins Krankenhaus folgte.

Solche und ähnliche Dinge kamen immer wieder vor, aber nur bei den „Amateurinnen". Die „Profis" hielten brav ihre Untersuchungstermine ein. Viele Geschichten über die Erlebnisse der Außenbeamten habe ich gehört ... und nicht alle waren lustig!

Ein heiteres Erlebnis hatte ein älterer Außenbeamter. Er sollte die Zahlungsfähigkeit eines Bürgers feststellen. Die Wohnung des Betroffenen bestand aus einem Zimmer.

Der Kollege klopfte an, hörte „Herein" und öffnete die Tür. Ein schier unbeschreiblicher Anblick bot sich ihm.

In dem Dreckloch saßen sich ein nackter Mann und eine nackte Frau im Bett gegenüber. Der Mann hackte Zwiebeln und die Frau schnitt Fleisch. Verdutzt fragte unser Mann: „Ja, was gibt das denn hier?" Die Frau antwortete: „Siehste doch ... Gulasch!"

Schnell ein paar Fragen, Notizen und dann konnten die beiden weiter schnibbeln.

§ 34 ORDNUNGSLIEBE

Den Beamten sagt man allgemein nach, sie seien „Korinthenkacker" und Kleinlichkeitskrämer. Dasselbe soll auf Menschen zutreffen, die im Sternzeichen der Jungfrau geboren wurden.

Nun, ich bin Beamter UND Jungfrau. Wenn ich mein Gewissen prüfe, dann komme ich zu dem Ergebnis, dass ich alles gerne ordentlich habe. Jedes Ding soll immer an seinem Platz sein! Gegen Helmut Kissel kam ich aber in dieser Beziehung nicht an. Keiner!

Helmut wurde zu uns versetzt. Der junge Inspektor machte einen sehr guten Eindruck. Ich „beschlagnahmte" ihn für mein Sachgebiet „Allgemeine Ordnungswidrigkeiten". Das reichte von den erwähnten Unterbringungssachen über Lärmbeschwerden, Nachlasssicherung, Bestattung von Toten ohne Angehörige bis hin zur Rattenbekämpfung usw.

Helmut nahm sich nach der Vorstellung zuerst seinen Schreibtisch vor. Vordrucke, Papier, Schreibstifte, Hefter, Locher, Kalender, Stempelständer erhielten ihren Platz ... für immer! Der Schreibtisch wurde so gestellt, dass er gutes Licht bekam ... für immer! Den Türschlüssel mit dem Nummernschild steckte er so ins Schloss, dass er gerade stand ... für immer! Mantel, Hut und Schal wanderten in den Kleiderschrank ... zwar nicht für immer, aber immer an dieselbe Stelle.

Das Auto, pikobello geputzt, Kissen auf den Hintersitzen gerade, stand immer an derselben Stelle!

Wehe, wehe, wenn Jemand sich erlaubte, einen Stift zu verschieben oder den Türschlüssel zu verdrehen! Natürlich hatten die Kollegen diesen Tick schnell heraus. „Unabsichtlich" stießen sie gegen den Stempelständer oder die Dose mit Heftklammern. Einfach die Stempel wieder aufhängen? Kam ja gar nicht in Frage! Jeder hatte seinen besonderen Platz… für immer!

Über Einnahmen und Ausgaben führte Helmut peinlich genau Buch. Jeden ersten im Monat stellte er einen Ausgabenplan auf! War z. B. der Ansatz für Zigaretten vor Ultimo verbraucht, dann rauchte er eben drei oder vier Tage nicht!

Jemanden im Auto mitnehmen? Ja, natürlich! Aber bitte die Schuhe abbürsten und nicht die Kissen zerwühlen.

So genau war Helmut auch in seiner Arbeit. Der Locher musste haargenau in der Mitte des Blattes angesetzt werden. Aktenaufschrift ordentlich, wie gemalt. Wenn er bei Hochbetrieb mal nicht zum ordentlichen Heften oder Beschriften kam, nun, eine Überstunde war immer drin!

Abgesehen von dieser Marotte war Helmut ein lieber und anständiger Kollege. Mit der Zeit ließ die Fopperei nach. Macht ja auch keinen Spaß, wenn der Veräppelte nicht richtig reagiert. Später fiel uns der Tick überhaupt nicht mehr auf.

Es gab ja bestimmt wieder etwas Neues!

Sparsam war Helmut auch. Die Überschüsse (laut Plan) wanderten zur Sparkasse. Es wurde behauptet, die Sparkasse müsse drei Mann entlassen, wenn Helmut sein Konto auflösen würde. Das tat er eines Tages und fuhr mit einem nagelneuen Mercedes vor. Ein bisschen neidisch waren wir schon. Lohn der Sparsamkeit!

Böse Zungen behaupteten, Helmut habe einen Igel in der Tasche. Der würde immer stechen, wenn Helmut die Börse zücken wolle. Sein Spitzname war geboren: IGEL!

Helmut wohnte noch bei seinen Eltern in einem Altbau ohne Bad. Deswegen marschierte er häufig zum Stadtbad.

In einem günstigen Augenblick gaben wir Konfetti (Locher-Inhalt) in sein Badetuch. Toller Erfolg!

Helmut bat uns am nächsten Tag, so etwa nicht wieder zu tun. Beim Abtrocknen sei das Bad mit den Schnipseln übersät gewesen.

Wegen der Feuchtigkeit ließen sie sich nur einzeln aufklauben ... und die Bademeisterin hatte viermal an die Tür gedonnert. Die Zeit sei um. Noch drei Minuten und dann würde sie aufschließen!

§ 35 DER FALL SCHULTE-WORTELKAMP

Erster Sachbearbeiter im Gewerbewesen war Harald Jaenner, ursprünglich Polizei-Inspektor. Von dieser Zeit sprach er gern. Irgendwie kam er nach dem Krieg zur Stadtverwaltung,

Wir lernten uns im Steueramt kennen. Als bei uns eine Stelle als Oberinspektor frei wurde, bewarb er sich und wurde akzeptiert. Mit Fleiß und Energie „kniete" Harald (bald „Harri" genannt) sich in das schwierige Gebiet. Die Gewerbeordnung mit ihrer zahlreichen Nebenbestimmung lernte er schnell und richtig anzuwenden.

In kurzer Zeit machte ihm niemand im Gewerberecht mehr etwas vor. Kenner wissen, was das heißt!

Saß Harri in seinem Büro, mit Arbeit überhäuft, konnte er auf Störungen recht sauer reagieren. Etwa wenn ein Bürger außerhalb der normalen Verkehrszeiten kam, fragte er dann mit unüberhörbarem Unterton: „Warum kommen Sie JETZT? Warum nicht nach 17.00 Uhr?" Der Besucher verstört: „Dann ist doch keiner mehr hier!" Harris knappe Antwort: „EBEN!"

Auch beim Mittagessen ließ Harri sich ungern stören. Auf dem Schreibtisch breitete er ein sauberes Handtuch aus, arrangierte Brote, Kaffee und immer ein Ei.

Wir konnten pünktlich zur selben Zeit das „tick-tick" hören, wenn Harri das Ei auf dem Tisch aufschlug. Das regte natürlich die beiden Kollegen im Nebenzimmer zu bestimmten Überlegungen an. Einer der beiden war Herbert und der andere, Rudi Goller, war auch nicht ohne.

Kurzum, eines Tages folgte dem „tick-tick" ein lauter Fluch. „Sauerei" und „dämliche Ziege" waren zu hören. Das Ei war roh! Tisch, Hose und Schuhe waren bekleckert. Mit der dämlichen Ziege war Harris Frau wohl gemeint. Die Arme! Sie war schuldlos.

Ohne es zu wollen, habe ich Harri wohl den schlimmsten Streich gespielt.

Die Story ist einfach unglaublich: Es fing damit an, dass eine Berufsgenossenschaft die Untersuchung eines Unfalls erbat und irrtümlich zweimal die Vordrucke zur Anhörung des Verletzten und Zeugen beifügte. Einen Satz Vordrucke hielt ich bei der Postverteilung zurück. Vor vielen Jahren hatte ich einmal eine ganz verrückte Geschichte im Radio gehört. Die fiel mir plötzlich wieder ein. Daraus ließ sich bestimmt etwas machen.

Da ich nichts Dringendes auf meinem Schreibtisch liegen hatte, spannte ich den ersten Vordruck (vier Seiten) in meine kleine Schreibmaschine:

Name und Vorname: Peter Schulte-Wortelkamp. Dann Geburtstag und -Ort, Wohnung, Familienstand, Arbeitgeber, Tag und Stunde des Unfalls, Unfallstelle, Verletzungen, Zeugen usw.

Zweite und dritte Seite: Genaue Unfallschilderung. Ich erfand die Personalien und beschrieb dann den Unfall.

Das lautete etwa so:

„Mein Nachbar bat mich, das Dach seines Wohnhauses zu reparieren. Dazu musste ich erst die Dachpfannen abnehmen. Diese wollte ich aber nicht einfach hinunterwerfen, denn viele waren noch zu gebrauchen. Deshalb befestigte ich an einem Dachbalken eine Rolle, zog ein starkes Tau hindurch und kletterte auf den Boden zurück. Unten knüpfte ich eine Holzkiste an das eine Ende des Taues und zog sie hoch. Das andere Ende befestigte ich an einem Wandhaken.

Dann kletterte ich auf das Dach zurück und legte die noch guten Pfannen in die Kiste. Wieder unten angekommen löste ich das Tau vom Haken.

Die Kiste war aber nun wesentlich schwerer als ich. Sie sauste hinunter und ich hinauf. Dabei schrammte ich mich an der Wand, an Fensterbänken und Nägeln eines Spaliers. Oben angekommen schlug ich mit dem Kopf heftig an die Rolle. Die Kiste aber ist beim Aufschlag auseinander gekracht. Da sie nun wieder leichter war als ich, flitzte sie nochmals nach oben und ich hinunter. Da ich von dem Aufprall an der Rolle fast besinnungslos war, ließ ich das Tau fahren, der Rest der Kiste war wieder frei und knallte den Weg zurück ... auf mich!"

Als Verletzungen gab ich an: Schwere Gehirnerschütterung, Bruch eines Beines und beider Arme. Schürfwunden am ganzen Körper.

Weil der „arme Verletzte" nicht unterschreiben konnte (beide Arme und Hände in Gips) knüllte ich ein Papiertaschentuch zusammen, drückte den Knubbel auf das Stempelkissen und dann auf den Vordruck. Zusatz: Gipsabdruck der rechten Hand als Ersatz für Unterschrift!

Wegen der Verletzungen ließ ich noch einen Arzt und eine Krankenschwester als Zeugen unterschreiben: Dr. med. Ochsenberg und Schwester Fidelitas!

Den Vordruck „Vernehmung der Zeugen" füllte ich selbstverständlich auch aus. Wieder erst Personalien.

Ja, der Zeuge hatte den Unfall genau beobachtet. Schulte-Wortelkamp habe alles richtig geschildert. Aber unterschreiben könne der Zeuge nicht.

Er sei als Kind aus Ostpreußen verschleppt worden und habe nur russisch schreiben gelernt. Also ein paar Zeichen hingemalt, die man als russisch deuten konnte. Zum Schluss (Unterschrift des Vernehmenden) kriegte ich das Gekrakel van Ari Hellmer ganz gut hin.

Diesen „Vorgang" zeigte ich den Kollegen. Sie erkannten die Fälschung und lachten über die schöne Geschichte ... bis auf Harri Jaenner!

Mein Gott, was doch alles passieren könne! Und dann noch im Alter von 75 Jahren so unvernünftig zu sein! - Trotzdem müsse unbedingt geprüft werden, ob Schulte-Wortelkamp von seinem Nachbarn bezahlt worden sei! Von wegen Schwarzarbeit!

Ich war dagegen. Der alte Mann sei doch genug bestraft! Harri blieb unerbittlich: „Ich mache eine Kopie im Rathaus". Tatsächlich stand im Standesamt schon so ein nützlicher Apparat. Und dann legte Harri los: Nochmalige Vernehmung des Verletzten, des Hauseigentümers und des Zeugen. - Das lag überhaupt nicht in meinem Sinne und so verführte ich die Vernehmer, das Spiel mitzumachen.

Sie entdeckten nach und nach alle möglichen Ordnungswidrigkeiten und sogar Straftaten. U. a. sollten die Dachpfannen gestohlen sein! Harri schrieb an die Polizei ... und ich hatte Mühe die Schreiben abzufangen.

Inzwischen wollten alle Kollegen an dem „interessanten Fall" mitarbeiten. Sie ließen ihre Beziehungen spielen. Die Polizei antwortete auf Original-Kopfbogen, nur waren die Antworten von uns im Konsum-Haus geschrieben worden! Neue „Tatsachen" wurden so ans Licht gebracht. Richtig schlimm wurde die Geschichte als Harri auch noch die Staatsanwaltschaft einschaltete. Da war kein Kopfbogen zu organisieren! Aber ein Briefumschlag fand sich doch in der Botenmeisterei! Ohne Aufschrift aber mit Fenster.

Auf Harris Anfrage schrieben wir: „Urschriftlich zurück. Der Zeuge ist gestern tödlich verunglückt. Datum, Unterschrift".

So nach und nach ließen wir alle Beschuldigten und Zeugen sterben oder auswandern. Nur, was sollten wir mit Schulte-Wortelkamp machen? - Den konnten wir nicht so einfach sterben lassen. Zum einen hätte Harri eine Sterbeurkunde verlangt und zum anderen waren wir die Sache auch langsam leid!

Harri meldete seinen Urlaub an. Er fuhr mit Familie in einen bekannten Luftkurort. Wann denn? - Übermorgen um 10.00 Uhr ginge sein Zug.

Als Harri zurückkehrte, lag die inzwischen dicker gewordene Akte auf seinem Schreibtisch.

Der letzte Bericht lautete: *„Schulte-Wortelkamp ist am ... (Tag von Harris Urlaubsbeginn) um 10.00 Uhr nach (derselbe Ort wie Harris Urlaubsziel) abgefahren. Unterwegs hüpfte er aus dem Fenster und wurde zermalmt. Die Reste des unglücklichen Mannes wurden von der Bahnpolizei eingesammelt. Bestattung fand statt."*

Harri las und erbleichte. „Mein Gott" stöhnte er. „Gut, dass es einen Vorzug gab, sonst hätte ich das Unglück mit ansehen müssen und meine Familie auch!"

Ich hatte den Eindruck, dass Harri froh war, den Fall vom Tisch zu haben. Er konnte sich aber nicht verkneifen, auf den schlechten Stil des letzten Berichtes zu verweisen. Die Leute müssten besser geschult werden.

„Hüpfte aus dem Fenster ... und die Reste ... wurden eingesammelt" – nein, so gehe das aber wirklich nicht!

Viele Anwärter und „Neue" studierten die Akte. Einige hielten sie für echt! - Harri haben wir erst viel später gebeichtet. Oh Wunder, er lachte und lobte die gute Arbeit. Der „Ochse" sei er!

Diese Akte existiert vielleicht heute noch!

§ 36 FUNDSACHEN

Kurz nach dem Umzug in das Konsum-Haus ist unser alter Sachbearbeiter für Fundangelegenheiten pensioniert worden.

Ich glaube, er war recht froh darüber, denn im neuen Dienstgebäude wurde ihm die Gebührenkasse noch zusätzlich aufgehalst, wie schon erwähnt.

Der neue „Fundminister" hieß Erwin Unterberg, ein recht fröhlicher Mann und etwa 50 Jahre alt. In sein Aufgabengebiet war er schnell eingearbeitet.

Es war auch nicht zu schwierig: Von Bürgern gebrachte Fundsachen entgegennehmen, Wert ungefähr ermitteln bzw. schätzen (im Zweifelsfalle half das Leihamt aus), Fundanzeige (in dreifacher Ausfertigung) aufnehmen und Eintragung ins Fundbuch.

Eine Ausfertigung erhielt der Finder, die Zweite kam zur Sammlung und die dritte blieb im Block. Die Fundbuch-Nummer schrieb Unterberg auf alle drei Vordrucke und einen Klebezettel, der an den Fundgegenstand geklebt wurde.

Die Ausfertigung für den Finder war auf der Rückseite mit den Bestimmungen des Bürgerlichen Gesetzbuches und Verhaltensmaßregeln bedruckt. Geldbeträge aus Börsen und Taschen kamen auf ein Verwahrgeldkonto.

Die beiden Lagerräume im Erdgeschoß enthielten die sonderbarsten Dinge. Unglaublich, was alles verloren gehen kann! Schirme, Kleidung, Brillen - aber auch Beinprothesen und Zahnersatz. Dazu jede Menge Fahrräder und Mofas, die jedoch in den Keller kamen.

Die Kaufhäuser brachten sogenannte „Sammellieferungen": Große Plastiktüten, deren Inhalt (fast) dem gesamten Verkaufsangebot entsprach. Börsen und Brieftaschen bewahrte Erwin Unterberg in einem Büroschrank auf. Wirklich wertvolle Sachen (Schmuck) wanderten in den Tresor des Straßenverkehrsamtes, der ein verschließbares Innenfach hatte.

Den wertvollsten Fundgegenstand brachten zwei Junge Manner: einen großen Koffer mit etwa zweihundert Schweizer Uhren der Oberklasse, zum Teil mit Edelsteinen besetzt. Den Koffer hatte ein Reisender nach Besuch eines Fachgeschäftes abgestellt, seinen Wagen aufgeschlossen ... und dann war er abgefahren. Anhand der im Seitenfach des Koffers befindlichen Unterlagen konnten wir den Verlierer recht schnell ermitteln. Er hatte den Verlust noch gar nicht bemerkt!

Nach wirklich zähen Verhandlungen, in die sich auch der Chef einschaltete, konnten wir den beiden strahlenden Findern einen hohen Finderlohn sichern.

Der Verlierer wollte zunächst überhaupt nichts zahlen! Er habe ja nichts verloren, sondern der Koffer sei nur vergessen worden!

Ganz sauer reagierte er aber, als er auch noch die Aufbewahrungsgebühr berappen musste. Die richtet sich nämlich nach dem Wert der Fundsache.

Unseren Bürgern muss ich ein Kompliment machen: Es wurden viel mehr Fundsachen abgegeben als Nachfragen gestellt.

Wenn ich schon so ausführlich berichte, damit spätere „Geschichten" verständlich sind, dann will ich auch noch kurz auf das weitere Geschehen im Fundbüro eingehen.

Meldete sich ein Verlierer und konnte er Zeit, Ort und Verlustgegenstand beschreiben, dann musste er erst den Finderlohn zahlen (Einzahlungsbeleg bei der Post). Die Aufbewahrungsgebühr kam dazu und dann konnte er erfreut mit der wiedererlangten Sache abziehen.

War die Aufbewahrungsfrist (damals ein Jahr) verstrichen und hatten sich weder Finder noch Verlierer gemeldet, dann gab es eine große Festveranstaltung, genannt Fundsachen-Versteigerung.

Diese wurde in den Tageszeitungen bekannt gegeben und in der Remise durchgeführt. Unsere Autos hatten an dem Tag zu verschwinden. Stets fanden sich hunderte von Menschen ein, um ein „Schnäppchen" zu machen. Dachten Sie! Die Mindestgebote setzte ein Beamter der Stadtkasse fest. Aber die Besucher überboten sich immer!

Ein altes Fahrrad zum Beispiel, das mit 3,- DM angesetzt war, brachte oft das Zehnfache. Besonders die Sammellieferungen galten als „Wundertüten". 50,- DM und mehr kamen meistens rein. Holten Verlierer oder Finder innerhalb von drei Jahren den Versteigerungsüberschuss nicht ab, ging das Geld endgültig in das Eigentum der Stadt über.

Wir selbst durften nicht mitbieten, hatten aber auch kein Interesse daran, kannten wir doch das Überbieten wie im Rausch!

Der weitverbreitete Glaube, der Finderlohn betrage 10 % des Wertes, ist falsch! Er ist von 3 bis höchstens 5 % (§ 971 des Bürgerlichen Gesetzbuches, BGB) gestaffelt.

§ 37 EINBRÜCHE

Dreimal wurde das Konsum-Haus von Einbrechern heimgesucht. Das Ziel war einwandfrei jedes Mal der dicke Tresor des Straßenverkehrsamtes. Darin lagen die begehrten Führerschein- und Zulassungsvordrucke nebst Dienstsiegel und Stempel. Aber das Monstrum hielt stand. Außer Kratzern nichts gewesen!

Vermutlich aus Wut über die vergeblichen Bemühungen hausten die Einbrecher in den anderen Büros wie die Vandalen. Der Schrank im Fundbüro mit den Geldbörsen und Brieftaschen schien einmal ein besonders lohnendes Objekt zu sein! Alles war durchwühlt, Fundanzeigen zerrissen und verdreckt.

Ganz besonders wütend war der „Fundminister", dass sämtliche Schildchen mit den Nummern abgerissen herumlagen. Welcher Gegenstand gehörte nun zu welcher Fundanzeige? Tagelang klebte und sortierte Unterberg. Aber der Urzustand war nicht mehr herzustellen.

Bei einem anderen Einbruch räumten die Täter alle Schreibtische aus. Der Inhalt lag verstreut in den Räumen. Als besonders Andenken hatten die Burschen auf einem Tisch ein „Häuflein" hinterlassen. Eine Folge der Angst, wie uns die Kripoleute sagten.

Auch bei Harri Jaenner lagen Formulare und anderes Papier vor dem Schreibtisch. Als die Kripo abgezogen war, rief Harri mich herüber, um mir die Sauerei zu zeigen. Er rückte den Stuhl zurecht, bückte sich und begann mit dem Aufräumen. Dabei sagte er: „Hast Du gehört, dass die Hunde unten auf einen Schreibtisch geschi… haben? Diese verdammte Schweinekerle. Elendes Gesindel!" Mit diesen Worten hob er einen Packen Papier hoch … und von seinen Händen tropfe es nur so. Auch bei ihm hatte einer Angst gehabt! Sein Häufchen war schön abgedeckt und Harri fasste mitten hinein! Wer den Schaden hat …

Harri wurde tagelang veräppelt. Kam er in ein anderes Büro, dann kniffen sich die Kollegen die Nasen zu. Oder sie fragten: „Heute schon gewaschen?"

Beim dritten Einbruch wurden die Täter geschnappt. Einem Nachtschwärmer fielen Lichtblitze auf und er alarmierte die Polizei. Die Schwachstellen (Toilettenfenster) sind dann mit Hilfe von Gittern beseitigt worden. In Zukunft blieben wir verschont!

§ 38 RECHNEREI

Obwohl mir alles, was mit Rechnen zu tun hat, höchst zuwider ist, kam ich weder bei der Preisbehörde, beim Steueramt, noch beim Ordnungsamt daran vorbei!

Das Fundwesen und damit auch die Gebührenkasse gehörten zu meinem Sachbereich. Einzahlungs- und Auszahlungsanordnungen musste ich also prüfen und unterschreiben.

Die Verwahrgelder des Fundbüros zum Beispiel waren in Listen zu erfassen. Drei davon gehörten zum ständigen Gebrauch. Das hängt mit der beschriebenen Dreijahresfrist zusammen. Aus den Einzahlungen eines Jahres, konnten nur diese Beträge ausgezahlt werden. Deshalb hatten die Listen eine Spalte für Einzahlungen und drei für Auszahlungen (1. Jahr, 2. und 3. Jahr). Und am Ende des Jahres war wieder zu rechnen! Die Gebührenkasse hatte einen Gesamtwert von 10.000,- DM.

Gebührenmarken und Geld mussten bei Dienstschluss wieder genau diesen Betrag ergeben. Eintragung in das Tagebuch mit Bestand, Übertrag, usw. Die Gebührenmarken befanden sich in einer Mappe mit Unterteilungen für 0,10 DM – 0,50 DM – 1,00 DM bis 100,00 DM. Also blieb nichts anderes übrig, als dass Erwin Unterberg täglich Marken und Geld zählte.

Das Geld bewahrte er in einer besonderen Kassette auf. Diese und die Markenmappe wanderten nach Dienstschluss in den dicken Tresor. Wenn die Gebührenmarken fast verbraucht waren, „kaufte" Erwin bei der Kasse im Rathaus neue; meist einmal pro Woche.

Erwin Unterberg erschien morgens mit einer roten Plastiktasche zum Dienst. Inhalt: Thermokanne und Verpflegung. Bei Dienstschluss klemmte er sich die Kassette und die Mappe mit den Marken unter den Arm. Die zweite Hand brauchte er für den Beutel.

Der nächste Weg galt der Toilette. Erst danach kam der Tresorbesuch.

Eines nachmittags standen wir mit mehreren Kollegen in der Remise und unterhielten uns noch ein wenig. Als Erwin dazu kam, verschlug es uns fast den Atem. Er trug die Kassette unter dem Arm und schloss seinen Wagen auf.

„He, Erwin! Was hast Du mit der Dose vor?" rief einer der Kollegen. Erwin schaute auf, dann auf die Kassette und stammelte: „Verdammt, dann habe ich ... dann habe ich doch meine Kanne eingeschlossen!" Großes Gelächter und der arme Erwin konnte den Weg zum Tresor wiederholen.

Im Übrigen war Erwin auch so ein Typ, der Streiche geradezu herausforderte. Ging er mal zur Toilette oder in die Küche, dann fand er seine geliebte Kanne nicht mehr oder seine tägliche Apfelsine hing an der Zimmerdecke, mit Alleskleber festgeklebt.

Rudi Goller hatte oft gute Ideen. Er klebte eines Tages einen richtig „reifen" Limburger-Käse unter Erwins Stuhl. In dem Büro stank es kurze Zeit später fürchterlich! Erwin selbst war schier verzweifelt. Er untersuchte alles, sogar die „frischen" Fundsachen. Nichts zu finden. Am folgenden Tag brachte er ein Deo-Spray mit und nebelte sein Büro ein. Da war der Käse aber längst wieder entfernt. Dafür stank es jetzt einige Tage nach billigem Deo-Spray.

Erwin erzählte uns auch seine häuslichen Angelegenheiten, u.a. dass er am Wochenende tapezieren müsse. Er erhielt etliche Ratschläge. Der schönste Ratschlag kam natürlich wieder von Goller. Es gebe jetzt Tapeten, die man ohne Rücksicht auf Fenster und Türen rundum an die Wände kleben könne. Mit einem scharfen Messer müssten dann die Öffnungen eingeschnitten werden! Das ginge ruck-zuck.

Am Montag maulte Erwin mit Goller. In fünf Geschäften habe er nach solchen Tapeten gefragt, aber überall hatte man ihn ausgelacht. Noch einmal ließe er sich nicht auf den Arm nehmen.

Denkste! Der arme Kerl hatte noch manchen Streich zu erleiden. Entweder war sein Büroschlüssel verschwunden, oder der Auspuffstutzen seines Wagens war mit einer Kartoffel verstopft. Der Motor sprang zwar an, aber beim Gas geben „soff" er ab. Gute Ratschläge von uns: „Einmal ganz kräftig Gas geben!" Und siehe da, es machte „Plopp" und der Wagen fuhr wieder!

Mit der Zeit ließen wir Erwin in Ruhe. Neue Kollegen mussten herhalten.

§ 39 WOCHENMÄRKTE

In unserem Zuständigkeitsbereich gab es 11 (elf!) Märkte, von denen zwei jedoch praktisch ohne Bedeutung waren. Sie sind später „eingeschläfert" worden.

Die anderen fanden wöchentlich dreimal statt. Der größte von ihnen wurde samstags von rund 400 Händlern beschickt.

Normalerweise hatten wir mit den Märkten nichts zu tun. Die Marktverwaltung beschäftigte etliche „Marktmeister". Unsere Aufgabe war es, den Auf- und Abbau der Stände zu überwachen und die Standgebühren zu kassieren. Diese richteten sich nach den in Anspruch genommenen Flachen. Es war üblich, dass die Händler immer dieselben Plätze einnahmen.

Im Übrigen teilten die Marktmeister die Plätze zu, insbesondere den „Spezialisten", die nicht ständig kamen. Die Marktmeister sollten immer anwesend sein und für Ruhe und Ordnung sorgen.

Aus nie ganz bekannten Gründen kam die Marktverwaltung auf eine grandiose Idee: Die Marktmeister sollten in den Ermittlungs- und Vollzugsdienst aufgehen und dort den üblichen Dienst verrichten. Die Außenbeamten konnten dafür die Aufsicht auf den Märkten in ihren Revieren übernehmen.

Nach Auffassung allerhöchster Kreise in der Stadtverwaltung, waren die Außenbeamten ja sowieso nicht voll ausgelastet. Es mache nicht viel aus, die Standgebühren zu kassieren und dann die übliche Arbeit zu verrichten. Auf- und Abbau gingen ja reibungslos vonstatten!

Alle Proteste und Gegenvorschläge nützten nichts! Auch nicht der wirklich gute Plan van Rolf Bauer, die Plätze aufzumalen und zu nummerieren. Die Händler konnten als dann die täglichen, wöchentlichen oder gar jährlichen Gebühren bei den Sparkassenzweigstellen einzahlen. Also eine Art Mietprinzip. Nein, das gäbe zu viel Schreiberei (für die Marktverwaltung!). Und außerdem kamen die Händler ja nicht an jedem Markttag. Wer solle denn Plätze im Bedarfsfall neu vergeben?

Also kamen eines Tages Geldtaschen und Mappen mit Marken bei uns an. Die Marken sahen aus wie Fahrscheine und so sind sie später auch genannt worden. Sie waren nach Wert in Blöcke aufgeteilt und nummeriert. Vier der ehemaligen Marktmeister meldeten sich gleichzeitig zum Dienst.

Unsere Männer waren sauer wegen der ungewohnten Mehrarbeit. Aber auch die vier Neulinge maulten. Marktmeister (ohne „Nebenarbeit") zu sein, erschien ihnen doch bequemer! Wir ahnten ja nicht, was da alles auf uns zukam. Erst einmal war es notwendig, die Kollegen mit der Marktordnung vertraut zu machen, ihnen die Gebührenberechnung beizubringen und für die tägliche Abrechnung zu schulen.

Jeder Markt erhielt eine bestimmte Nummer. Das war bei der langsam auch bei uns eingeführten EDV-Buchhaltung unabdingbar.

In der Anfangszeit füllte die EDV-Anlage mit ihren Riesenapparaten einen großen Raum aus. Temperatur und Luftfeuchtigkeit mussten konstant sein. Obwohl bei Tag und Nacht ein Mechaniker die Anlage überwachte, gab es ein Durcheinander, wie wir es bisher nicht kannten.

Beispiel: Grundsteuer, Müllabfuhr-, Straßenreinigungs- und Kanalgebühren erhielten die Bürger in einem einzigen Bescheid.

Der wohl nicht richtig „gefütterte" Apparat machte vier daraus, die auch noch einzeln mit der Post verschickt wurden. Daneben hatten viele Bürger aber noch Hundesteuer, Gewerbesteuer, Hypothekenzinsen usw. zu entrichten. Für alle diese Steuern, Gebühren und Beiträge gab es bisher verschiedene Kontonummern. Nun jedoch bekam jeder Bürger eine Einheitsnummer, die sog. Buchungsstelle. Das führte am Anfang zu den verrücktesten Irrtümern! Zahlte ein Bürger auf dieses Konto etwa Hundesteuer ein, die vielleicht noch nicht fällig war, dafür aber die Grundsteuer, so rechnete die Maschine den gezahlten Betrag der Grundsteuer zu und mahnte den „Restbetrag" (in diesem Beispiel also mit Hundesteuer) an.

Herrje! Und mit solchem Kram sollten wir fertig werden? Aber nach Überwindungen der Kinderkrankheiten funktionierte es ganz gut. Später gingen wir mit den EDV-Vordrucken um, als hätten wir das schon immer getan.

Doch zurück zu den Märkten: Anfangs gab es Ärger mit der Gebührenberechnung. Die ehemaligen Marktmeister hatten die Beträge ja längst im Kopf. Die Markthändler wollten nicht einsehen, warum sie auf einmal mehr zahlen sollten ... oder weniger, aber dann murrten sie natürlich nicht!

Anfänglich gingen Rolf Bauer oder der Chef mit und schlichteten Unstimmigkeiten sofort an Ort und Stelle. Wenn alle Gebühren kassiert waren, kam die Tagesabrechnung an die Reihe. Jedes „Fahrscheinheft" (etwa fünf mit verschiedenen Werten) musste mit letzter und neuer Nummer eingetragen werden, multipliziert mit dem Wert ergab das den Betrag, der auf diese Gebühreneinheit entfiel. Die Summe der Einzelbeträge ergab die Tageseinnahme.

Die Abrechnung ging an die Marktverwaltung und den Durchschlag behielt der Kollege. Dann kam die Einzahlung bei der Sparkassenzweigstelle des Ortsteils. Wehe, wenn die Buchungsstelle fehlte.

Anhand der Abrechnungen und der Kontoauszüge konnte die Marktverwaltung alles kontrollieren und eventuell neue „Fahrscheine" zuteilen.

Hin und wieder gab es kleinere Beanstandungen, meistens Rechenfehler. Deshalb überließ ich großzügig meine „Waschmaschine" aus der Preisbehördenzeit dem Ermittlungs- und Vollzugsdienst.

Den wahren Grund für die Lustlosigkeit der ehemaligen Marktmeister erfuhren wir erst ziemlich spät, als sich einige Kollegen freiwillig zum Marktdienst anboten: Es war das Trinkgeld!

Die Händler rundeten die Gebühren immer auf und waren beleidigt, wenn sie den Rest zurücknehmen sollten. „Habe ich 'was verbrochen? Ist mein Geld nicht gut genug? Kannst Du mich nicht leiden?", hieß es dann.

Das musste unterbunden werden! Der Chef machte häufig Stichproben. Aber auch die provisorische Zwischenabrechnung ergab nichts. Klar, die Jungs waren ja nicht auf den Kopf gefallen. Das „Mehr" steckten sie in die Hosen- und nicht in die Gebührentasche.

Kleinere Unstimmigkeiten wurden zwar hin und wieder entdeckt, aber dann hieß der Überschuss plötzlich: „Wechselgeld" aus eigener Tasche! Gegenbeweise waren nicht möglich. Alle Überlegungen, wie dem abzuhelfen sei, führten zu nichts!

Nicht die Kollegen waren schuld, sondern die Händler. Nach und nach erfuhren wir, dass das von Flensburg bis Konstanz genauso war und seit Urvaterzeiten so gehandhabt wurde. Wahrscheinlich waren die Beamten schon damals arme Schlucker!

Viele Jahre später, als nicht mal im Traum noch jemand an diese widerlichen Kontrollen dachte, traf es einen Kollegen wie der Blitz aus heiterem Himmel. Und dann auch noch Fred Hinz, einen anständigen und fleißigen Mann, der für mich zu den fähigsten Außenbeamten zählte und dem man unbedingt vertrauen konnte.

Mit an Sicherheit grenzender Wahrscheinlichkeit hat ihn einer dieses fiesen Moppels angeschwärzt. Aus Rache? Aus Neid? Beweisen ließ sich das nicht. Unsere „scharfen Hunde" vom Rechnungsprüfungsamt hefteten sich abwechselnd an Freds Fersen, unbemerkt von ihm und dass an mehreren Tagen. Sie beobachteten scharf und richtig.

Strafanzeige folgte! Die Anklage lautete zunächst auf Bestechlichkeit (§ 332 StGB). Aber das ließ sich nicht aufrechterhalten, denn Fred Hinz erhielt ja nichts, um dem Spender einen Gefallen zu tun, ihn irgendwie zu bevorzugen. Aber der Vorwurf der Vorteilsannahme im Amt (§ 331 StGB) war nicht zu entkräften. Monatelang fürchtete Hinz sich vor einer Bestrafung, die zwangsläufig zur Entlassung geführt hätte. Und das im Alter von 50 Jahren!

Nach langwierigen Verhandlungen vor Gericht stellte der Staatsanwalt das Verfahren dann Gott lob, wegen Geringfügigkeit ein. Aber nicht das Finanzamt. Es rechnete die Trinkgelder hoch und setzte eine dicke Nachzahlung sowie ein saftiges Bußgeld fest!

Von den ebenfalls betroffenen (aber nicht angezeigten) Kollegen konnte niemand Hinz helfen. Sie hätten sich dann selbst beschuldigt, Hinz erhielt von der Verwaltung eine geharnischte Verwarnung und durfte keinen Marktdienst mehr versehen.

Wer erhält nicht Trinkgeld? Friseure, Kellner, Handwerker, Taxifahrer usw. bis hin zum Pflegepersonal im Krankenhaus. Das ist bekannt und Gewohnheitsrecht. Damit will ich die Marktkassierer keinesfalls entschuldigen. Im Öffentlichen Dienst darf es das nicht geben.

Der Schritt von der Vorteilsannahme zur Bestechung ist nur klein. Was ich bemängele, ist, dass man einen einzigen Mann für alle anderen büßen lassen wollte. Wäre man unseren früheren Vorschlägen mit dem Einzeichnen der Standplätze und Einzahlung bei der Sparkasse gefolgt, dann hätte es diesen Ärger nicht gegeben.

Die Markthändler sind ein Völkchen für sich, immer auf ihren Vorteil bedacht, schlau, schlagfertig und witzig. Ohne diese Eigenschaften könnten sie auf dem Markt „keinen Blumenpott" gewinnen. Sie feilschten und kämpften um jeden Zentimeter Platz, der ihnen besser erschien. Es gab, wie gesagt, keinen Anspruch auf einen bestimmten Standplatz und doch nahmen sie i.d.R. immer dieselbe Stelle ein.

Schon bevor wir die Märkte übernahmen, sind die Stände nach der Warenart in Reihen umgesetzt worden. So gab es die Metzgerreihe, die Obst- und Gemüsereihe, usw. Etliche Waren wie Kleidung, Schuhe und Haushaltswaren durften früher nicht auf den Märkten verkauft werden. Die Liste der verbotenen Marktwaren ist dann nach und nach liberalisiert worden, so dass heute auf den Märkten fast alles angeboten wird.

Gab ein Händler auf und schien der Platz von der Lage her ziemlich günstig, dann setzte das Wettrennen unter den Markthändlern ein. Es fielen böse Worte, Freunde wurden zu Feinden!

Wir fanden einen Trick, um gerecht entscheiden zu können. Den vorsprechenden Kontrahenten erklärten wir, es gäbe ein Recht, dass der Händler mit dem ältesten „Gewerbeschein" (Gewerbeanmeldung) das erste Wahlrecht habe. Verzichte der, dann käme der zum Zuge, der den nächstälteren Gewerbeschein habe. So ginge das weiter.

Ja, das sei gut! Warum dieses Recht nicht schon früher angewendet worden sei? Nun ja, wir hätten es zufällig entdeckt. Von da an gab es keinen Ärger mehr in dieser Hinsicht.

Hat man einmal das Vertrauen eines Markthändlers gewonnen, dann benutzt er ohne Umschweife das „Du" und so sollte man auch antworten.

Versteckte Bestechungsversuche erlebte ich auch. Dann stellte ich mich „doof" und verstand nichts. Das wurde akzeptiert.

Die Händler reagierten auf Bestechung (Platzverkauf) sehr allergisch, aber das Trinkgeld für den Marktmeister gehörte zum Geschäft.

Oft habe ich über diese cleveren Händler gelacht, wenn sie die schlechten Geschäfte beklagten … und dann im neuesten Mercedes heimfuhren! Ich mag sie, die „gewieften" Markthändler!

§ 40 ROT ODER WEIß

Das Reisegewerbe unterscheidet sich vom sogenannten „Stehenden Gewerbe" hauptsächlich dadurch, dass der Betreiber keinen Laden, keine Werkstatt oder dergleichen haben darf. Der Betreiber übt, kurz gesagt, sein Gewerbe im Umherziehen aus. Er bietet seine Waren oder Leistungen „von Tür zu Tür" an. Er darf nicht einmal Vorbestellungen entgegennehmen. Überprüfen lässt sich das allerdings kaum, wie in vielen anderen Angelegenheiten auch.

Der Vorteil des Reisegewerbes besteht darin, dass der Betreiber fast alle Berufe ausüben darf, die im stehenden Gewerbe von bestimmten Voraussetzungen und Genehmigungen abhängig sind. Der Schlosser zum Beispiel muss die Meisterprüfung bestanden haben, ehe er einen Schlossereibetrieb eröffnen darf. Oder der Einzelhändler (Lebensmittel, Baustoffe, Bekleidung usw.) bedarf der Einzelhandelserlaubnis.

Weitere Einzelheiten möchte ich nicht beschreiben; etwa die spezielle Erlaubnis zum Betrieb von Gaststätten und Hotels. Das würde zu weit führen und zum Verständnis der folgenden Episode nicht beitragen.

Wer also ein Reisegewerbe betreiben möchte, wird vom Ordnungsamt hinsichtlich seiner Zuverlässigkeit überprüft (Vorstrafen, Steuerschulden, Offenbarungseid) und erhält dann die „Reisegewerbekarte".

Neben Personalien und Lichtbild wird in die Reisegewerbekarte, die eigentlich ein kleines Buch ist wie ein Reisepass, die Art des Reisegewerbes eingetragen.

Zum Beispiel: Fug- und Verputzarbeiten, Verlegen von Parkett- und Teppichböden, Verkauf von Teppichen.

Deutsche Staatsbürger erhalten eine weiße Reisegewerbekarte, die im gesamten Bundesgebiet gilt. Die Karte für Ausländer und Staatenlose ist rot. Sie gilt nur für den Zuständigkeitsbereich der ausstellenden Ordnungsbehörde.

Der Inhaber kann die Gültigkeit auch auf andere kreisfreie Städte oder Kreise ausdehnen lassen. Aber, dazu muss er bei den Ordnungsbehörden dieser Städte oder Kreise die ganze Prüfungsprozedur wieder und wieder über sich ergehen lassen; und kostenlos ist das natürlich auch nicht!

Nach dieser „Einführung" ist es verständlich, dass geschäftstüchtige Ausländer und Staatenlose immer wieder versuchen, an die weiße Karte zu kommen.

Insbesondere Sinti und Roma waren davon betroffen, wenn ihre Staatsangehörigkeit unklar war. Das war bei fast allen Sinti und Roma der Fall.

Ari Hellmer und Berti Collmann stritten sich eines Tages mit zwei Sinti und Roma. Diese waren angezeigt worden, in einem anderen Landkreis ihrem Reisegewerbe (Teppichverkauf) nachgegangen zu sein, ohne die Ausdehnung der Gültigkeit der Karte vorher beantragt und erhalten zu haben.

Unsere Dienststelle war gebeten worden, die Angezeigten zu verhören, im Amtsdeutsch: den Beschuldigten rechtliches Gehör zu gewähren. Die beiden Beschuldigten, Vater und Sohn, konnten aber angeblich kein Deutsch. „Nix verstehen Chef", waren ihre einzigen Antworten.

Berti kam zu mir und bat um Hilfe. Ich ging also mit ihm in den „Wintergarten" und sah mir die beiden an. Wie verschüchterte Hühner saßen die Übeltäter auf ihren Stühlen, aber ihre Augen sprachen Bände!

Ich: „Die Karten haben wir ausgestellt." Vater: „Nix verstehen Chef." Und der Sohn nickte eifrig mit dem Kopf. Ich: „Das geht aber nicht. Wenn Sie nichts verstehen, also kein Deutsch können, dann muss ich die beiden Karten einziehen."

Wie aus der Pistole geschossen fuhr der Vater auf und rief: „Das können Sie doch nicht machen. Wovon sollen wir denn dann leben?"

Verdutzt blickten die beiden Vernehmer erst mich und dann die beiden Männer an. Der Vater grinste und begann zu lachen. Der Sohn und wir stimmten ein.

Ohne weitere Schwierigkeiten konnte die Vernehmung beendet werden.

Vater und Sohn baten mich danach um eine weiße Reisegewerbekarte. Zuständig war für das Reisegewerbe, wie schon erwähnt, Walter Roemer, der Stimmen-Imitator. Zu ihm ging ich mit den beiden.

Eine lustige Stunde lag vor uns, zumal Walter die zwei „bösen" Buben kannte. Die roten Karten hatte er ja selbst den beiden ausgestellt!

Sie seien doch Deutsche, beteuerten Vater und Sohn, schon vom Namen her. Wenn sie die weiße Karte bekämen, dann würden wir einen schönen „echten" Teppich bekommen. – Nein, wir brauchten hier keine Teppiche.

Und zu Hause? Ja, Walter würde gerne einen fürs Wohnzimmer haben! Vater und Sohn staunten Bauklötze, denn Walter sprach auf einmal mit der Stimme des Vaters, haargenau! Und mit der Stimme des Sohnes sagte er: „Nix verstehen Chef".

Wieder großes Gelächter. Der Vater meinte, mit der Begabung sei Walter als Beamter viel zu schade, er müsse zum Zirkus!

Auch ohne die weiße Karte verabschiedeten sich die zwei „Füchse" freundlich.

§ 41 DER KÖNIG IST TOD

Einen anderen Besuch werde ich nie vergessen:

Ein sehr alter und gewichtiger Sinti und Roma suchte mich auf. Zwei seiner Söhne oder Enkel stützten ihn und behandelten den Alten mit sichtbarer Ehrfurcht.

Nur der Alte sprach. Er müsse bald sterben, und zwar in drei Wochen. Sein Grab läge im jetzigen Polen und nur dort wolle er begraben werden.

Was tun? Ich riet ihm, sich an die polnische Militärmission in Berlin zu wenden. Diplomatische Beziehungen bestanden ja noch nicht. Der Alte bedankte sich höflich und verschwand mit seinen Abkömmlingen.

„Der spinnt ja wohl", dachte ich bei mir. Aber ich wurde eines Besseren belehrt!

Tage später gingen Meldungen ein, wonach aus allen Richtungen Sinti und Roma Familien in die Stadt strömten. Ein Platz für „Landfahrer" war da, in der Nähe einer Siedlung für Obdachlose. Es gab Anschlüsse für Strom und Wasser sowie eine Toiletten-Anlage. Aber nein, in die Nähe von „Dreckmenschen" wollten sie nicht. Sie stellten ihre Wohnwagen auf Freiflächen ab und lösten dadurch eine Flut von Beschwerden der Anlieger aus.

Natürlich versuchten wir alles, um diese „Wandervögel" zum Abzug zu veranlassen. Die bekannten Ausreden (Kind krank, Motor kaputt, Männer nicht da) ignorierten wir und drohten mit zwangsweiser Umsetzung auf den Landfahrerplatz.

Irgendwie hatte ich ein komisches Gefühl, als eine alte Frau mir zuflüsterte: „Mach' nix, König stirbt". Ich dachte an den Tag vor drei Wochen zurück.

Auf einem anderen Platz stand ein prächtiges Zelt. Schon von weitem hörten wir Frauen laut klagen und jammern. Männer standen oder saßen um das Zelt. Keiner sprach oder beantwortete unsere Fragen. Ich wusste plötzlich: Der König ist tot!

Am nächsten Tag zogen alle Sippen wieder ab. Wo der tote König geblieben war, konnten wir nicht erfahren. Sollte es so etwas wirklich geben, dass ein Mensch auf den Tag genau seinen Todestag voraussagen kann? Und wie waren die Sippen benachrichtigt worden? Zum Teil kamen sie sogar aus dem Ausland! Handys oder Internet gab es ja noch nicht.

Im Kollegenkreis debattierten wir darüber, aber niemand konnte eine Erklärung geben. Noch mehrmals musste ich mit wild lagernden Familien verhandeln. Dabei konnte ich feststellen, dass nachgesagte Unsauberkeit nicht stimmte.

Die Leute verrichteten ihre Notdurft stets in einem Bodenloch, das später sorgfältig zugeschüttet wurde.

Sicher baten die Frauen in der Nachbarschaft um Wasser. Und sie versuchten auch, ein Geschäftchen zu machen; aus der Hand zu lesen und die Zukunft zu deuten. Aber ist das nicht unsere Schuld? Dichten wir ihnen solche Fähigkeiten nicht an und haben Angst vor dem „Unerklärlichen"?

Behauptete Diebstähle erwiesen sich als „Ente". Und trotzdem mussten wir unter dem Druck der öffentlichen Meinung handeln.

Wenn die Männer merkten, dass wir Ernst machten, zogen sie kurzfristig ab. Nur die Männer hatten zu bestimmen.

Ein Notfalltrick bestand darin, einen bekannten Transportunternehmer zu bitten, mit einem Tieflader vorzufahren. Das wirkte immer und sofort!

§ 42 DER MAJOR

Unser Chef wurde von uns auch so angesprochen. „Chef, was halten Sie davon?" oder „Können Sie mal helfen, Chef?". Er war immer für uns da. Wir mochten ihn, und er mochte uns. Seine Gradlinigkeit und Offenheit imponierten.

Neuerungen gegenüber war er jedoch skeptisch. Als er einen neuen Schreibtisch bekam (Herbert Dittmann hatte ihn bestellt), knurrte er „Der Beamte braucht nur zwei Holzböcke und ein Brett: Dann kann er arbeiten!"

Einmal erzählte er, dass Kühlschränke völlig überflüssig seien, weil es ja kühle Keller gäbe. Wir fragten etwa zwei Wochen später: „Ist der Kühlschrank schon da?" Verwundert bestätigte er: „Ja, seit gestern".

So ging es mit Staubsauger, Fernsehgerät und sogar Auto! Seine Frau und seine Tochter drängten ihn, er mochte ihnen nicht widersprechen und lud seinen Ärger über die „Verschwendung" bei uns ab.

Bei dem Auto haben wir uns allerdings geirrt. Nach der ersten Bemerkung, dass ein Beamter nur ein Fahrrad brauche, dauerte es drei Monate, bis er mit dem Auto kam. Er musste ja erst den Führerschein haben! Keiner hatte etwas bemerkt!

An seinem 62. Geburtstag überraschte der Chef uns bei der Gratulationsversammlung mit der Ankündigung, dass dieses sein letzter Tag in Diensten der Stadt sei. Klammheimlich hatte er die Pensionierung betrieben!

Normalerweise lässt sich so etwas nicht verheimlichen. Etwas sickert meistens durch. Eine schöne Abschiedsparty gab er uns im Ratskeller.

Später habe ich ihn mehrmals besucht. Seine Tochter heiratete und verzog, dorthin wechselte er dann auch mit seiner Frau.

Beim ersten Besuch in der neuen Heimat trafen wir ihn nicht an. Er sei im Rathaus, sagte uns seine Frau. Warum? Nun, er sei doch der neue Bürgermeister. Da das Städtchen in einem anderen Bundesland lag, war das möglich ... ehrenamtlich!

Zum Vertreter war ich inzwischen aufgerückt. Natürlich machte ich mir Hoffnungen. Doch das Personalamt hatte sich etwas anderes ausgedacht. Die Stelle wurde um einen Dienstgrad erhöht und der Inhaber nahm gleichzeitig das Amt des Rathausleiters ein! Eine echte Sparmaßnahme!

Als Vertreter des Chefs lag mein Dienstgrad normalerweise eine Stufe unter seinem und nun waren es sogar deren zwei!

Der „Neue" kam, aber es war gar kein Neuer. Im Gegenteil: Wir kannten uns schon ziemlich lange. Abteilungsleiter in der Zentralstelle des Ordnungsamtes ist er gewesen. Ein großer und stattlicher Mann. Der ehemalige Offizier kam bei ihm immer zum Vorschein. Zuletzt war er Major und gut zwei Jahre in amerikanischer Gefangenschaft. Er erzählte gerne davon.

Die Amis nannten ihn „Mäidscher" und das taten wir prompt auch, was ihm sehr zu gefallen schien. Den Vormittag verbrachte der Major meist im Rathaus. Nachmittags ließ er sich über besondere Vorkommnisse Bericht erstatten.

Die Leitung der Dienststelle überließ er praktisch mir.

Im Rathaus vertrat ihn ein anderer Kollege. Als dieser krank wurde, war der Major in Urlaub. So kam es, dass ich einige Zeit auch noch das Rathaus am Hals hatte.

Der Major hatte eine liebenswerte Marotte ... er hielt sich für einen großen Sänger! Mehrmals brachte er Tonbandgerät und von ihm besungene Bänder mit. Die spielte er uns vor. Natürlich versanken wir in Andacht! Er sang wirklich nicht schlecht, aber aufregend waren seine Vorträge auch nicht! Egal. Hauptsache er freute sich!

Freuen konnte der Major sich aber nicht, wenn sein Telefon klingelte und ein Kollege fragte, was es denn gäbe. - Wie? - Er habe ja nicht angerufen, sondern der Kollege! – Nein, nein! Das Telefon des Kollegen habe geklingelt!

Ganz vertrackt wurde die Situation, wenn dann noch ein dritter oder vierter Kollege sich einmischte und nach dem Grund des Anrufes fragte. - Großes Gemaule! - Wohl auf den Arm nehmen, was?

Das Geheimnis noch mancher „Querverbindungen" lag wohlbehütet unter einem Bild im schon erwähnten Telefonkasten in meinem Büro!

Ich hatte schnell heraus, dass man mit zurechtgebogenen Büroklammern die Anschlüsse verbinden konnte! Nur Herbert Dittmann kannte das Geheimnis und er musste den Trick anwenden, wenn ich beim Major im Büro war. So hatte ich ein Alibi und es stand fest: ICH konnte es also nicht gewesen sein!

§ 43 BODENSCHÄTZE

Montagmorgen, 7:10 Uhr. Die ersten Autos fuhren in die Remise. Ich kam etwas später. Beim Aussteigen sah ich so an die fünf Kollegen, die um ein Eisengerüst standen und mit zwei Arbeitern im „Blaumann" sprachen.

Das Gerüst sah aus wie ein Bohrturm, nur kleiner. Und? Es war wirklich ein Bohrturm!

Ich gesellte mich zu der Gruppe: „Moin z'samm! - Wat issen hier los?" Herbert, auch dabei, erklärte: „Die bohren hier!"

Ich: „Du Quatschkopp! Seh' ich ja selbst! Gibt et hier Öl?"

Einer der Arbeiter erläuterte, dass sie Bodenproben entnehmen müssten, aus verschiedenen Schichten. Das seien Vorarbeiten für die geplante Straße. Und was sollte die vielen Gläser?

Herbert lachte, „Darin kochen sie die Proben ein, damit die nicht schlecht werden!" Ich konnte deutlich das „Arschloch" hören, das ein Arbeiter vor sich hin brummte.

Ein anderer Kollege wollte wissen, wo genau die Straße verlaufen sollte. So in etwa durch unser Haus! Herbert gluckste, „Baut Ihr man! Glaubt aber ja nicht, dass wir jedes Mal die Tür aufmachen, wenn ein Auto kommt!"

Das war den beiden Arbeitern zu viel. Ob wir sie verarschen wollten? Wir sollten sie lieber arbeiten lassen. Uns faulen Säcken täte es auch gut, an die Schreibtische zu kommen! Wir zogen ab, denn wir wollten ja keinen Krach, sondern nur ein bisschen Spaß.

Gegen Mittag kaufte Herbert den beiden zwei Flaschen Bier. Das stimmte sie so versöhnlich, dass sie gegen 15.00 Uhr zu mir kamen: „Wir sin fettich, und nix für ungut!"

Die Straße? Sie ist nie gebaut worden. Das Konsum-Haus steht noch!

§ 44 NEBENPOSTEN

Wenn man einmal einen „Nebenposten" hatte, kamen meistens weitere hinzu. Mit dem Nebenposten wächst der Bekanntheitsgrad. Motto: Der macht das gut und sicher gerne. Also versuchen wir Mal, ob er das nicht auch noch mit macht!

Nach der Neugründung des „Bundes deutscher Kommunalbeamter und Angestellter" - KOMBA - wurde ich als Schriftführer Mitglied des Ortsverbands-Vorstandes. Einmal im Monat wurde getagt. Die Vergütung beschränkte sich auf die Fahrtkostenerstattung und zu Weihnachten gab es ein Buch mit Widmung!

Die Sitzungen begannen immer nach 16.00 Uhr. Dienststunden durften auf keinen Fall verloren gehen! Meine Spezial-Kurzschrift konnte ich „perfektionieren" und bekam außerdem mit, wie um einzelne Stellen gerungen wurde. Zu mancher Sache tat ich meinen Senf hinzu.

Später erfolgte die „ehrenvolle Berufung" in den Vorstand bzw. Aufsichtsrat der Selbsthilfeeinrichtungen „Beamten-Krankenkasse" und „Sterbekasse". Auch hier bestand die Vergütung hauptsachlich in der Ehre!

Aus Gründen der Sparsamkeit (Fahrtkosten) tagten beide Vorstände und Aufsichtsräte hintereinander am selben Tag, auch etwa einmal im Monat und selbstverständlich nach 16.00 Uhr. Die Hauptaufgabe war die Beratung über die Arbeit der Geschäftsführung und deren Genehmigung.

Bei den jährlichen Hauptversammlungen strömten meist so „viele" Mitglieder zusammen, dass sie die Zahl der Vorstandsleute um bis zu zwanzig Mann übertrafen! Klar, dass die Mitgliederversammlungen von Krankenkasse und Sterbekasse auch direkt hintereinander abgehalten wurden.

Nächstes Pöstchen: Verbindungsmann des KOMBA zu der Pensionärs-Vereinigung. Diese Aufgabe habe ich wirklich gerne übernommen. Zum einen traf ich alte Kollegen wieder und zum anderen waren die Pensionäre höchst erfreut und dankbar, dass man sich um sie kümmerte und nicht vergaß!

Niemals hatte ich alles trinken oder essen können, was sie mir anboten.

Vorsitzender der Pensionärs-Vereinigung war viele Jahre der „lange Hermann", ehemals Standesbeamter in unserem Rathaus. Er hatte eine Figur wie Ghandi und zusätzlich eine näselnde Stimme.

Verschiedentlich diente ich ihm als „Aushilfstrauzeuge", wenn die Echten mal nicht kamen.

Der lange Hermann in Frack mit zu kurzer Hose, weißen Wollstrümpfen und hohen Schuhen (Marke Geigenkasten) gab schon ein Bild für die Götter ab.

Brautpaar und Zeugen saßen erst vor dem Schreibtisch. Hermann näselte dann seine Ansprache herunter und dabei zappelte er mit den Füßen auf und ab! Lachen oder grinsen durfte man nicht, also nur höflich lächeln. Dann aufstehen zum feierlichen Akt der Trauung. Die zappeligen Beine verschwanden, die Gesichter wurden ernst. Die gütigen Augen des Langen ließen alles vergessen. Er sprach die vorgeschriebenen Worte mit Inbrunst. Jede Trauung war für ihn ein Staatsakt!

Wenn ich den Versammlungsraum der Pensionäre betrat und den Vorsitzenden begrüßte, schwang er seine Glocke und hieß mich mit bewegten Worten willkommen. Der Applaus beschämte mich.

Die nächste „Ehrensache" ließ nicht allzu lange auf sich warten.

Ich wurde zum stimmberechtigten Beisitzer des Wehrdienst-Verweigerungs-Ausschusses bestellt. Endlich mal eine Nebenbeschäftigung, die bezahlt wurde (Sitzungen ungefähr zehnmal im Jahr). Beginn gegen 9.00 Uhr und Ende etwa um 15.00 Uhr. Vergütung: 10,- DM und Fahrtkosten.

Stimmberechtigt waren nur die drei Beisitzer. Der Vorsitzende, ein Jurist, leitete die Sitzung. Alles wurde auf Tonband aufgenommen und jede Prüfung dauerte etwa zwei Stunden.

Oft taten mir die Jungen leid, wenn sie sich nicht richtig ausdrücken konnten. Gerade denen half ich so gut es ging. Bei anderen hatte ich das Gefühl, dass sie sich nur „drücken" wollten, wenn sie lange Erklärungen verlasen, die bestimmt nicht auf ihrem Mist gewachsen waren. Etliche kamen mit Anwalt oder ihrem Pastor! Manche Entscheidung fiel mir schwer. Gewissen lässt sich nun mal nicht wirklich prüfen!

An einen Jungen erinnere ich mich besonders gut. Er war zum Buddhismus übergetreten und ernährte sich nur von Mais. So sah er auch aus ... ganz gelb im Gesicht! Bei der Beratung stimmte ich für Anerkennung und setzte hinzu: „Wo soll die Bundeswehr den ganzen Mais hernehmen?"

Böser Blick des Vorsitzenden, Grinsen bei den anderen Beisitzern!

§ 45 NEBENAMTLICHER DOZENT

Das nächste Angebot haute mich fast aus dem Sessel! Der Leiter des Zentral-Ordnungsamtes rief mich an: „Die Verwaltungsschule braucht dringend einen Lehrer für Gewerbe-, Polizei- und Ordnungsrecht. Wäre das nichts für Dich?" Man, so etwas hatte ich ja noch nie gemacht. Keine pädagogischen Fähigkeiten, usw. Der Amtsleiter drängte. Er gab mir zwei Tage Bedenkzeit, sonst müsse er der Schule mitteilen, dass niemand zu finden sei!

„Nee, so nicht", dachte ich mir. Da seien doch noch der und der meinte ich dann. Der Schulleiter rief am nächsten Tag bei mir an: Er freue sich, dass ich bereit sei! Stimmte nicht. Ich hatte mir Bedenkzeit erbeten. Der Schulleiter war überrascht, „Wieso Bedenkzeit? Wir haben überhaupt keine Zeit. Der nächste Lehrgang beginnt am Montag!"

Aber das seien doch nur noch drei Tage. Wer würde mich denn einführen? Der Schulleiter entgegnete, es sei ja nur ein Lehrgang für den mittleren Dienst und übrigens nicht in der Stadt, sondern in einer Nachbargemeinde.

Ganz leicht zu finden. Ich solle mal ruhig hinfahren, er schaue dann eines Tages rein! Bums, eingehängt!

Der Major riet mir, einfach ins kalte Wasser zu springen! Und so geschah es! In aller Eile raffte ich Gesetzestexte, Kommentare und sonstiges Material zusammen. Schnelle Konferenz mit Harald Jaenner, denn im Gewerberecht war ich ja nicht besonders bewandert.

Samstag und Sonntag war ich für niemanden zu sprechen. Lesen, nachdenken und schreiben in meinem eigenwilligen Steno. Ich hatte Kopfschmerzen, Unruhe, Durchfall, war reizbar ... und auf einmal war der Montag da!

Das Gebäude fand ich sofort. Auf dem Innenhof tummelten sich etwa 30 junge Damen und Herren. Aussteigen, Grüßen, Geflüster! Mit meiner prallen Aktentasche ging ich sofort in den Schulungsraum. Ich brauchte unbedingt ein paar Minuten, um mich zu sammeln.

Der Schulungsraum glich einem Uni-Hörsaal. Eine lange Theke, große Wandtafel, nach hinten ansteigender Boden mit Tischen und Bänken.

Die Schüler kamen nach der Pause herein und setzten sich auf ihre Plätze. Auf der Theke lagen Klassenspiegel und Klassenbuch. Dreißig Augenpaare richteten sich auf mich. Mir war höchst mulmig zumute! Wie nun anfangen? Wie machten das damals unsere Lehrer?

Beim Überlegen tat ich so, als wenn ich den Klassenspiegel studiere. Nach einigen Minuten hörte ich Flüstern und Kichern. Der Zeitpunkt war gekommen, an dem ich unbedingt anfangen musste!

Meine Antrittsrede lautete etwa so: „Liebe junge Kolleginnen und Kollegen! Meinen Namen kennen Sie vom Stundenplan her. Er steht auch noch hinter mir auf der Tafel. Ich begrüße sie herzlich und bitte Sie gleichzeitig um Ihre Mithilfe, denn ich bin ein absoluter Neuling als Lehrer. Ich halte es für das Beste, Ihnen erst einmal zu erzählen, was sich im Ordnungsamt täglich abspielt. Die Polizei kann warten!"

Das Lachen und Trampeln ermutigten mich. Das schien der richtige Ton zu sein! Also legte ich los: „Die Ordnungsbehörden haben die Aufgabe, Gefahren von der Allgemeinheit (ausnahmsweise auch von einzelnen Menschen oder Gruppen) abzuwehren." Dann zitierte ich den Begriff der Gefahr: „Eine Gefahr besteht dann, wenn ein schädigendes Ereignis mit an Sicherheit grenzender Wahrscheinlichkeit in naher Zukunft eintreten wird!"

Vereinzeltes Unmutsgemurmel ignorierte ich und legte mit Beispielen los: „Nehmen wir einmal an, dass der einäugige Seiltänzer Ignaz Hüpf ..." Oder: „Der Eintänzer in der Fischbratküche Heini Schwoof hatte die Angewohnheit…" und „Die Bordsteinschwalbe Erna für Lau ..." Das kam an!

Nur nicht trocken Gesetzestexte herunter leiern, sondern zeigen, dass das Ordnungsrecht lebendig ist. Wie im Fluge waren die zwei Stunden vorbei und meine sorgfältig erstellten Unterrichtspläne noch unberührt.

Größer Schwierigkeiten gab es in der Folge nicht. Bei den Zeugniskonferenzen jedoch wunderten sich einige Lehrer, dass ich bei den Zensuren so großzügig sei! Das sei doch ganz selbstverständlich. Ordnungsrecht wäre eben „lebendes" Recht... Haushalts-, Kassen- und Rechnungswesen dagegen...?

Von Stunde zu Stunde wurde ich sicherer. Kam mir trotzdem mal eine Zwischenfrage spanisch vor (Gewerberecht!), dann half ich mir mit einem Trick: Sooo weit seien wir aber noch nicht. Um nichts durcheinander zu bringen, müsse ich schrittweise vorgehen! In der nächsten oder übernächsten Stunde kam ich auf die Frage zurück ... nachdem ich Harald Jaenner konsultiert hatte!

Es war eine schöne Zeit und ich arbeitete gerne mit den Jungen Menschen. Hoffentlich erinnert sich gelegentlich einer an mich!

Leider dauerte mein „Lehrerdasein" nur zwei Jahre. Die Arbeit wurde mir einfach zu viel. Der Schulleiter bot mir an, ganz in den Lehrdienst über zu treten. Aber das wollte ich auf keinen Fall! Nur „Pauker" sein und auf den täglichen Umgang mit den Kollegen und Bürgern verzichten? - NIEMALS!

Nach und nach zog ich mich später auch aus den anderen Nebentätigkeiten zurück. Ich hatte überall mit Freude „hineingerochen". Sie boten aber nichts Neues mehr. Und nur das Neue und Unbekannte konnte mich reizen.

§ 46 PFLEGER

Eine Aufgabe des Ermittlungs- und Vollzugsdienstes habe ich schon erwähnt: Die Sicherung des Nachlasses von Verstorbenen, deren Angehörige nicht umgehend zu ermitteln waren oder die überhaupt keine hatten.

Informiert wurden wir meistens von der Polizei oder von Nachbarn. Zwei Beamte zogen dann sofort los. Für solche Notfälle gab es einen Bereitschaftsdienst.

Als dieser einmal unterwegs war, ging die nächste Meldung ein.

Kurz entschlossen schnappte ich mir Rudi Goller. Zuerst fuhren wir zum Krankenhaus, das uns benachrichtigt hatte und holten dort die Schlüssel. In der

Wohnung räumten wir den Kühlschrank aus und Übergaben die wenigen noch brauchbaren Lebensmittel den Nachbarn, die neugierig vor der Wohnungstür standen und das Ereignis erörterten.

Der alleinstehende Verstorbene, ein älterer Herr, sei ein Sonderling gewesen, berichtete man uns. Die Wohnung war sauber. Die Aufstellung über die Möbel usw. war schnell fertig.

Dann fanden wir eine Stahlkassette, deren Inhalt wir im Büro sichern wollten. Strom abstellen, Fenster und Tür verschließen, zwei Siegelmarken anbringen.

Im Büro ordneten wir dann den Inhalt der Kassette! Etliche Umschlage mit Aufschriften „Militärpapiere", „Pass", „Heirats- und Scheidungsurkunde", „Sparbücher (Einlage über 20 000,- DM)". Dazu zwei goldene Uhren und Trauringe.

Während Goller den Bericht schrieb, las ich die Papiere. Ergebnis: Der Verstorbene war vor vielen Jahren geschieden worden. Die Tochter blieb bei der Mutter. Tochter? Anruf bei Standes- und Meldeamt. Die Tochter habe geheiratet und hieße nun so-und-so. Sie wohne, oh Wunder, im Nebenhaus des Verstorbenen.

Im Telefonbuch gefunden, rief ich sie an und konnte sie überreden, sofort zur Dienststelle zu kommen. Den Grund nannte ich nicht, es sei aber sehr dringend. Etwa eine halbe Stunde später kam die junge Frau. Ich zeigte ihr das Passbild. Ob sie den Herrn kenne? „Nein, den kenne ich nur so vom Sehen. Der wohnt im Haus nebenan. Was ist mit ihm und warum sollte ich sofort kommen?" Als ich ihr den Namen sagte, wurde sie blass. Das sei ihr Vater? Die Mutter habe nie über ihn gesprochen und sei schon länger tot.

Nun erklärte ich ihr die Situation. Die junge Frau weinte ein wenig und war sofort bereit, die Bestattungsangelegenheiten zu regeln.

Ihre Augen wurden groß wie Wagenräder, als ich ihr die Aufstellung zeigte. Etwa zehn Briefumschläge mit Band hatte ich beiseitegelegt, nahm sie nun auf und staunte: Jeder Umschlag enthielt nochmals je einen Eintausendmarkschein! Rudi ergänzte den Bericht.

Mit Bericht, Kassette und der jungen Frau schob er zum Amtsgericht. Nur der Nachlassrichter konnte entscheiden, was er auch sofort tat.

Die meisten Fälle gingen nicht so schnell aus.

Der Nachlassrichter wusste kaum noch, wo er Nachlasspfleger hernehmen sollte. Deswegen bat er dringend um freiwillige Meldungen. Aufgaben des Nachlasspflegers: Sicherung des Nachlasses, Ermittlung der Erben, Veräußerung der Hinterlassenschaft (falls keine Erben zu ermitteln waren).

Der Pfleger wurde „bestellt" und erhielt einen Ausweis. Die Vergütung setzte der Richter nach Ende der Tätigkeit fest, die aus dem Nachlass bezahlt wurde.

Mehrere Kollegen meldeten sich, denn je nach Umfang des Nachlasses erhielten einige bis zu 500.- DM Vergütung. Natürlich musste ich auch mal „reinriechen".

Schon beim ersten Fall hate ich erhebliche Schwierigkeiten. Eine ältere Dame war verstorben. Rotes Kreuz und Arbeiterwohlfahrt hätten die Möbel gerne gehabt. Ich sollte sie vorbeibringen, denn was noch brauchbar sei, würden sie behalten.

Weit und breit keine Erben. Die Miete war fällig. Ein Altwarenhändler half mir aus der Klemme. Er holte alles ab: Möbel, Geschirr, Wäsche, neuen Elektroherd, Waschmaschine, antike Standuhr, Fernsehgerät, usw. Dafür übernahm er die Kosten für Miete und Reinigung!

Die Leistungen der Versicherungen waren restlos für die Bestattung verbraucht. Saldo im Abschlussbericht für das Gericht: 0,00 DM! Tja, dann bliebe für mich ja wohl nichts übrig! Das war meine erste und auch letzte Nachlass-Pflegschaft!

Es gab aber auch höchst unangenehme Nachlasssicherungen! Etliche waren so unangenehm, dass wir die Kollegen des Stadtreinigungsamtes um Hilfe bitten mussten. Ein besonderer Fall ist mir noch gut in Erinnerung.

Nachbarn beschwerten sich über unzumutbaren Gestank, der aus einer Wohnung dringe. Den alleinstehenden Bewohner habe man schon tagelang nicht gesehen. Ob das vielleicht Verwesungsgeruch sei? Schon möglich!

Anruf bei Feuerwehr und Amtsarzt. Zusammen mit zwei Außenbeamten fuhr ich los. Amtsarzt und Feuerwehr kamen einige Minuten später auch beim „Tatort" an. Der unerträgliche Gestank überfiel uns schon im Treppenhaus.

Der Amtsarzt sagte, „Wenn da einer verstorben ist, dann schon vor Tagen." Also sofort Türe aufbrechen. Normalerweise riefen wir sonst erst den Schlüsseldienst. Das aus der Türe strömende „Lüftchen" trieb uns Tränen in die Augen.

Nirgendwo in den beiden Zimmern war ein Toter zu finden, dafür waren aber an sämtlichen Wänden Päckchen aus Zeitungspapier aufgestapelt. Vorsichtig öffneten wir eines. Es enthielt… menschliche Exkremente! Es bestand kein Zweifel, dass die anderen Päckchen denselben Inhalt hatten.

Die herbeigerufenen Kollegen des Stadtreinigungsamtes brachten auf Anraten gleich Schutzanzüge und die notwendigen Gerätschaften mit. Wir anderen verzogen uns schleunigst.

Den Bewohner griffen Tage später Polizeibeamte auf und „überstellten" ihn uns. Nach der Untersuchung durch den Amtsarzt, der eine Geisteskrankheit feststellte, brachte die Feuerwehr den „Sammler" zur Anstalt.

Bei vielen älteren Menschen fiel uns ein Sammeltrieb auf, aber glücklicherweise nicht so, wie im geschilderten Fall!

Etliche Male mussten wir die Bestattung von Säuglingen veranlassen, deren Mütter nach der Entbindung aus dem Krankenhaus verschwunden waren.

Abgesehen von dem Ärger über solche Mütter, die Bestattungsunternehmen (von uns beauftragt) und die Friedhofs-Verwaltung wollten Geld sehen! Der dafür vorgesehene kleine Etat reichte nicht.

Also: Antrag auf Erhöhung des Ansatzes! Aber schließlich zahlten doch die Krankenkassen oder das Sozialamt.

Alles in allem eine höchst unangenehme Arbeit.

Fanden wir aber die Mütter oder Vater, dann setzte es ein saftiges Bußgeld (obwohl das angesichts der Tatsachen wohl nie hoch genug sein kann)!

§ 47 LÖWEN-BRÄU

Ein Artistenpaar dachte sich einen besonderen „Gag" aus. Es trat in Diskotheken und Bars mit einem Löwen auf! Hinter einem transportablen Gitter führte „Jane" mit dem Löwen „Kunststückchen" vor, während „Tarzan" laute Anfeuerungsrufe ausstieß.

Die Zeiten, in denen „Simba" nichts zu tun hatte, verbrachte er in einem kleinen Zirkuswagen. Nachts stand der Wagen in einer Garage oder draußen. Die Wagengitter hatten Rollläden. Etliche Bürger beschwerten sich über nächtliches Löwengebrüll. Unsere Veterinäre aber erklärten sich für Löwen nicht zuständig, dagegen war der Zoodirektor sofort bereit, uns zu helfen.

Ich vereinbarte mit ihm einen Termin und beauftragte den Außenbeamten Wilhelm Schneeberg mit der örtlichen Prüfung. War der Löwe sicher untergebracht? Bestand für die Lokalgäste eine Gefahr während des Auftrittes? Wie war der Pflege- und Gesundheitszustand des Löwen? Schneeberg schritt mit Unterstützung des Zoodirektors zur Tat.

Die Aufführungen brachten kaum eine Gefahr für die Besucher der Lokale. Alle Sicherungsmaßnahmen reichten aus. Als der Löwe wieder im Käfig war, zog „Tarzan" die Rollläden hoch. Der Löwe, nach Ansicht des Zoodirektors ein altersschwacher Greis, sprang gegen das Gitter, reckte sich hoch ... und spritzte einen dicken Urinstrahl auf den guten Wilhelm Schneeberg!

Der Zoodirektor brachte Schneeberg, der in eine Decke gewickelt war, nach Hause.

Erst am nächsten Tag erfuhren wir die ganze Geschichte. Wilhelm Schneeberg ließ sich die ersten Tage kaum sehen und konnte den Ruf „Heia Safari!" nicht mehr hören!

§ 48 PRIVATKINO

Argwöhnisch überwachten wir die ersten Sex-Shops! Anstößige Bücher und Filme waren einzuziehen. Die Außenbeamten gingen eifrig der Sache nach!

Sie schleppten alles „Verdächtige" heran, lediglich zur Überprüfung. Natürlich mussten auch wir die „Bildgeschichten" lesen. Drei oder vier konnte man ja noch verkraften, denn im Grunde waren es wirklich Erzeugnisse, meist aus skandinavischen Ländern eingeschmuggelt, die einen zum Erbrechen brachten.

Aber wie sollten wir die Filme prüfen? Einen Projektor hatten wir nicht. Egal wie, es musste einer her. Und siehe da, das Leihamt konnte helfen.

Eilig zogen wir die Gardinen zu. Als Leinwand diente die weiße Tür. Alle Kollegen, die eben abkömmlich waren, nahmen an der „Vorstellung" teil. Zuerst wollte es mit dem Projektor nicht klappen, aber dann hatten wir den Dreh heraus.

Film nach Film flimmerte über die Tür! Erst herrschte vollkommene Stille, aber dann kamen „passende" Bemerkungen.

Keiner von uns hatte solche „Kunstwerke" vorher jemals gesehen. Auch sie reizten uns zum Erbrechen!

Heute kräht kein Hahn mehr danach, was in solchen Shops gezeigt und verkauft wird, aber damals war es eben noch verboten!

§ 49 ROLLENDER DIENST

Herbert Dittmann, unser „Beschaffer", bestellte neue Bürostühle mit Rollen, einen für mich und einen für sich. Uns Gehbehinderten standen sie zu.

Als die Spezialstühle geliefert wurden, probierten wir sie sofort aus. Herbert war begeistert … ich nicht. Wenn ich aufstehen wollte, rollte mir das Ding weg, selbst wenn ich mich nur über den Schreibtisch beugte.

Helmut Kissel, der „Igel", war froh, als ich ihm meinen Roller anbot. Er hatte es schnell heraus, mit dem Stuhl vom Schreibtisch zum Karteischrank oder zu den Aktenschränken zu sausen!

Herbert hatte sich ein Kissen mitgebracht und auf die Sitzfläche gelegt. Stand er auf, rollte der Stuhl ein Stückchen zurück und dann, wenn er sich setzte, mit Ruck zum Schreibtisch hin.

Die Türen standen wieder mal offen, als Herbert Besuch bekam.

Er hopste auf den Stuhl und ... ruck ... der Stuhl blieb stehen! Das Kissen bremste den Schwung nicht, und Herbert landete unter dem Schreibtisch. Peinlich, peinlich!

Mit Wut in sämtlichen Backen krabbelte er hervor und musste sich mitleidige Fragen des Besuchers anhören. Weh getan? Hoffentlich nicht verletzt!

Später schob er den Roller zu mir. Ich sollte ihn untersuchen, ich sei doch Bastler. Schnell hatte ich den Fehler gefunden, denn das Kugellager war hinüber.

„Nicht so schlimm", sagte ich ihm, „so ein Ding kostet nicht viel. Kauf Dir eins, und ich baue es ein". Das komme ja gar nicht in Frage, der Stuhl wurde mit dem von Kissel getauscht! Und so geschah es.

Kissel kam vom Essen zurück, setzte sich in den Stuhl und schwang los ... vielmehr, er wollte losschwingen. Genau wie Herbert plumpste er auf den Boden. Sauerei! Eine Rolle bremst. Woran konnte das liegen? Ich wiederholte meinen Spruch und traf erneut auf heftige Ablehnung. Gab es für so eine Ausgabe keinen Ansatz in seinem Haushaltsplan?

Ende der Geschichte: Kissel baute heimlich ein Kugellager aus. Die Stenotypistin beim Straßenverkehrsamt hatte auch so einen Stuhl! Vielleicht hat die Dame den Fehler nicht gemerkt. Jedenfalls hörten wir nichts mehr davon!

§ 50 ARI HELLMER

Der arme Kerl musste an einem Tag gleich drei Streiche ertragen. Vormittags hatte er irgendetwas mit mir zu besprechen. Dabei lehnte er sich mit dem Oberkörper auf meinen Schreibtisch und reckte seinen dicken Po „einladend" in die Höhe.

In diesem Moment ging Roman Abel an der offenen Tür vorbei, stutzte, kam zurück und knallte Ari mit voller Wucht die flache Hand auf den hochgestreckten und prallen Hintern. Ari hüpfte wie ein Gummibällchen hoch, rieb sich die schmerzende Stelle und schrie: „Das kriegst Du wieder, das kriegst Du wieder!"

Roman Abel war erst kurz bei uns. Er nahm die Stelle des leider viel zu früh verstorbenen Walter Roemer ein. Abel war ein Riese, kräftig und mit Händen wie Kohlenschaufeln. Verständlich, dass Aris Po heftig schmerzte! Beide riefen sich noch einige „freundliche" Worte zu und entschwanden.

Der Riese kam nach einigen Minuten zurück und nahm dieselbe Stellung an meinem Schreibtisch ein, wie kurz zuvor Ari.

Dieser wieselte noch auf dem Flur herum und bemerkte die Gelegenheit zur Rache. Schnell flitzte er in mein Büro, holte aus, klatschte auf Romans Hintern ... und schrie auf!

In seiner rechten Hand zeigte sich ein kleines blutendes Loch. Des Rätsels Lösung: Roman hatte sich ein Stück Pappe mit einer Heftzwecke in die Hose gesteckt und den „Gegenangriff" bewusst provoziert! Nun war Ari aber wirklich wütend, sprach von Hinterlist und: „Mit Dir rede ich kein Wort mehr!"

In der Mittagspause war der Wintergarten leer und ich probierte einen alten Streich aus: Die Hörmuschel von Aris Telefon rieb ich dick mit Stempeltusche (dokumentenecht!) ein.

Als ich Ari nach der Mittagspause kommen hörte, wählte ich seine Telefonnummer. Er meldete sich und ich flüsterte: „Wer ist da? Ich kann Sie nicht verstehen!" Ari: „Ich Sie auch nicht!" Weiteres Geflüster von mir: „Bitte den Hörer fest ans Ohr drücken! Oder das andere Ohr versuchen!" Ari tat es und fragte: „Geht es so besser?"

Ich konnte mich nicht mehr halten und prustete los! Peng! Ari knallte den Hörer auf die Gabel und rannte zu mir. „Du nimmst mich nicht auf die Schippe! Du nicht! Ich habe dich sofort erkannt!"

Das Gelächter lockte die anderen Kollegen an und auch sie brüllten vor Lachen. Ari sah aber auch zu schön aus mit seinen pechschwarzen Ohren!

Ari kamen vor Lachen die Tränen, so freute er sich, dass er mich entlarvt hatte! Die schwarzen Ohren erwähnte keiner und so ließen wir Ari auch nach Hause fahren!

Am nächsten Morgen erschien Ari mit roten Ohren und belegte uns mit allerlei Namen aus dem Tierreich. Zwei Stunden hatte seine Frau gebraucht, um die Farbe zu entfernen. Eine Dose Scheuerpulver sei dabei draufgegangen. Alle seien wir jetzt Luft für ihn! Für alle Zeiten!

Da Ari aber ohne Luft nicht leben konnte, war die Geschichte nach zwei Tagen vergessen.

Eine Woche später war Ari tot. Er ist auf der Treppe in seinem Hause ausgerutscht und kopfüber heruntergefallen. Der Kleine fehlte uns sehr!

Noch Jahre später kam hin und wieder die Sprache auf ihn: „Weißt Du noch, wie Ari damals ..."

§ 51 GEHEIMTRANSPORT

Das Hauptamt verlangte die Abstellung von fünf besonders vertrauenswürdigen Kollegen für einen Tag. Wozu denn? „Geheimsache!" Mehr war nicht zu erfahren.

Ich suchte fünf Außenbeamte aus. Sie hatten sich am nächsten Tag um 7.30 Uhr beim Hauptamt einzufinden. „Nee, keine Fragen bitte. Ich weiß auch nicht, worum es sich handelt."

Am Nachmittag waren sie wieder da. Sie berichteten: „Also, erst wurden wir vergattert, dass es sich um einen ganz geheimen Transport zu den Zweigstellen der Stadtsparkasse handelt. Wir dachten schon, es gäbe wieder neues Geld. Hunderte sorgfältig gestapelte Pakete ohne jeden Aufdruck mussten wir zu den Zweigstellen bringen. Aber, Du wirst es nicht glauben. Auf jedem Paket war ein mit ´Muster´ beschriftetes Exemplar des Inhalts aufgeklebt!"

Ich fragte neugierig, „Und, was war das?"

Grinsen: „Darf ja keiner wissen! Ist doch streng geheim! Allerdings haben wir im Krieg und nachher sehr ähnliche Papiere gehabt, wie die aufgeklebten Muster. Kästchen waren darauf abgedruckt mit Nummern, Gewichtsangaben und Namen der gängigen Lebensmittel. Mehr dürfen wir aber wirklich nicht sagen, sonst errätst Du noch das Geheimnis!"

Und ob ich es erraten habe, es waren Lebensmittelmarken. Einige Zeit machte ich mir Gedanken über das Geheimnis. Sollte es schon wieder so weit sein? Die Politiker sprachen nach meinem Geschmack zu viel von Frieden!

Bis heute haben wir den Inhalt der Geheimpakete nicht gebraucht und werden ihn hoffentlich auch nie wieder gebrauchen! Eingelagert sind sie aber noch heute.

§ 52 OFFIZIELL IN ENGLAND

Der „Geheimtransport" erweckt in mir Erinnerungen an das Jahr 1954. Der Ortsverband des KOMBA knüpfte damals die ersten „zarten Bande" zu NALGO. Das ist die Abkürzung für „National and Local Government Officers Organisation", zu Deutsch etwa „Verband der· Beamten von Regierung und Kommunen".

NALGO hatte KOMBA um die Entsendung eines Beamten gebeten, um gemeinsame Interessen zu erörtern und Erfahrungen auszutauschen. Es handelte sich übrigens bei dem Ortsverband von NALGO um die Stadt Portsmouth in England, mit der unsere Stadtverwaltung eines der ersten Patenschafts-Abkommen abschloss.

Während einer KOMBA-Vorstandssitzung teilte uns der Erste Vorsitzende das mit. Wer möchte das machen? Keine Meldung!

Der „Erste", damals Paule Kirsch und mein Amtsleiter (Zentralamt) sagte dann: „Der Karl kann ganz gut Englisch. Ich schlage ihn vor! - Wer ist dafür?" Alle hoben die Hand ... nur ich nicht! Mein Herz fing an zu rasen und meine Hände wurden feucht.

Es fielen Worte von „Ehre" und „Vertrauensbeweis".

Ich wollte und wollte auch wieder nicht. Das könnte ich gar nicht bezahlen! Paule Kirsch dazu: „Die Gesamtkosten trägt das Freundschaftsbüro und wir legen noch 'was drauf." Ich sagte also zu und darüber freue ich mich heute noch.

Nun konnte man 1954 nicht einfach den Personalausweis nehmen, packen und fahren. Erst musste ich einmal einen Pass haben. Das ging sehr schnell, denn damals wurden die Pässe direkt im Passamt ausgestellt. Der komplette Druck in der Bundesdruckerei erfolgte erst viel später.

Mit Pass und Einladung von NALGO musste ich ein Einreise-Visum beim britischen Konsulat beantragen, dann alle Unterlagen zum belgischen Konsulat schicken, wegen des Durchreise-Visums. Die Reisefreiheit in der EU gab es noch nicht. Was die nicht alles wissen wollten? Seitenlange Antragsbogen ausfüllen, Führungszeugnis beifügen!

Das dauerte gut sechs Wochen. Dann konnte ich die Fahrkarten kaufen: Nach Ostende und zurück, zweite Klasse! Damals noch sehr vornehm! Die Passage wurde auf der Fähre bezahlt.

Fähre ... ich kannte nur die eine Flussfähre zwischen Walsum und Orsoy. Die „Fähre" entpuppte sich als Raddampfer! So etwas hatte ich ja überhaupt noch nicht gesehen!

Ach ja, da waren noch die Geschenke. Ich wusste inzwischen, dass ich Gast einer englischen Familie sein sollte. Ehepaar und vier Kinder: Anne, 12 Jahre, sollte einen großen Malkasten bekommen, Molly, 10 Jahre, eine schöne Puppe, für die beiden Jungen Carl (Ja, Carl und nicht Charles!) und David kaufte ich echte bayerische Lederhosen. Wegen dieser Hosen gab es später noch viel zu lachen!

Für George, den Vater besorgte ich einen Bildband von Deutschland und für Joyce, seine Frau, eine Kombipackung mit Seife und Parfüm einer bekannten Firma (4711). Ich wusste, dass England das Markenzeichen dieser Firma als Kriegsbeute „missbrauchte".

Die englischen Produkte, mit dem deutschen Firmenzeichen, sollten fürchterlich stinken. Außerdem nahm ich von jeder Zigaretten-Marke mindestens eine Schachtel mit. Damals überwog noch der orientalische Tabak in unseren Zigaretten. Um unsere Lebensmittel vorzuzeigen, kamen in den Koffer noch eine große Cervelatwurst, ein Stück geräucherter Schinken und ein Schwarzbrot.

So ausgerüstet zog ich mit zwei Koffern zum Bahnhof los. Den ersten „Zoff" hatte ich mit dem belgischen Zoll. Die Brüder wollten mir doch fast alles abnehmen! Doch das Visum nach England beruhigte sie. War ja nur ein „Transfer". Ich solle unterwegs aber nicht aussteigen!

In Ostende wartete der Dampfer. Gut vier Stunden dauerte die Überfahrt nach Dover. Erinnerungen aus dem Krieg wurden wach: „Dover unter Feuer!"

Vor dem Verlassen des Dampfers hatte ich eine „Landekarte" auszufüllen. Am Pier dasselbe Theater mit dem britischen Zoll! Lebensmittel einschmuggeln, was? Besonders solche, die noch rationiert seien! Daher die Gedankenverbindung von Lebensmittelkarten und England!

Nein, auf Ehre und Gewissen! Alles nur Geschenke für meine Gastgeber. Hier, der Einladungsbrief von NALGO! Das half und auf einmal hieß ich „SIR"! Meine Kamera trug man jedoch in den Pass ein, damit ich sie nicht verkaufen könne!

Wenn man in England verreisen will, dann führt kein Weg an London vorbei. Alle Züge enden dort, und man muss umsteigen, meistens in ein Taxi! Von Waterloo zu Victoria Station und umgekehrt. Kein Problem, denn die Taxis fuhren bis an die Züge. Schon der erste Taxifahrer brachte mir bei, dass ein Trinkgeld von etwa 15 % üblich sei.

Er schüttelte die Geldstücke so lange in der Hand, bis ich nach und nach Pennies oder Six-Pence Münzen nachlegt und auf rund 15 % kam. Da war ich wieder ein Sir, dem man gerne einen Träger herbeipfiff.

Die Taxis waren sehenswert: Alte und uralte Vehikel mit Rechtssteuerung. Der linke Vordersitz war überhaupt nicht da. Den Platz nahm die Ladefläche des Gepäcks ein. Der Fahrgast konnte nur hinten sitzen. Linksverkehr! Blut und Wasser habe ich geschwitzt und jeden Augenblick einen Unfall erwartet! Besonders später, im Obergeschoss der Busse, war mir angst und bange.

Letztlich erreichte ich doch mein Ziel, abends gegen 21.00 Uhr, sorry: 9 o'clock pm!

George und Joyce hielten schon Ausschau. Beide gefielen mir auf Anhieb. Die Kinder sausten aus den Betten, um einen wahrhaftigen Deutschen zu bestaunen!

Englisch sprechen? Kleinigkeit für mich!

Denkste! Ich brachte nur ein Gestottere zusammen! Also öffnete ich zuerst den Koffer mit den Geschenken. Von wegen, Engländer seien sehr zurückhaltend! Jubel und Trubel! Für mich eine Gelegenheit mich zu sammeln! Langsam fielen mir auch wieder englische Worte ein!

Oh, ich müsse ja sehr hungrig sein! Im Esszimmer stehe alles bereit. Ich sah einen großen flachen Teller mit einer (!) in Öl gesottenen Kartoffel in der Mitte, darum angeordnet Fisch, Fisch und nochmal Fisch ... in mehreren Arten und eine Riesenschüssel mit Salat.

Die nahm ich mir als Erstes vor. Teufel, da waren weder Öl, Pfeffer noch Salz dran! Todesmutig kaute ich darauf herum. Joyce schaute verwundert zu mir und fragte dann, ob wir den Salat in Deutschland immer so essen würden. Ich antwortete, „Nein, mit Öl, Essig, Salz und Pfeffer!"

Nun, da stehe doch alles ... und Worcestersauce dazu! Lektion gelernt: Bei Tisch mixt sich jeder das Salatdressing selbst. Auch im Restaurant. Die dicke „Bratkartoffel" und etwas Fisch kriegte ich besser runter.

Mein Zimmer lag oben. Es war das von Anne und sehr nett eingerichtet. Ich war hundemüde und schlief rasch ein.

Am nächsten Morgen fing mein Abenteuer richtig an! Gegen 7:30 Uhr klopfte Sohn Carl an und brachte mir eine Tasse, äh ja nun, äh Tee!

Erstens mag ich Tee nicht besonders und diese pechschwarze Brühe schon gar nicht.

Zum Glück lief unter meinem Fenster eine Regenrinne entlang! Man will ja höflich sein.

Das Frühstück bestand aus Toast, gebackenen Schinken mit Ei, Margarine, Marmelade und ... Tee! Noch mehr Tee? – Nein, danke. - Oder lieber Kaffee? - Ich strahlte und freute mich auf eine frische Tasse Kaffee. Wäre ich doch beim Tee geblieben, denn der Kaffee war noch schlimmer.

Ah, nun müsse man Wurst und Schinken aus Deutschland probieren. Sehr gut, schmeckte ausgezeichnet. Wurden Wurst und Schinken gekocht oder gebraten? Ich versuchte, das Räucherverfahren zu erklären.

Ergebnis: Wurst und Schinken blieben nun mir Vorbehalten. Aus ihrer Sicht rohe Wurst mochten sie dann doch nicht, auch wenn sie ihnen schmeckte.

Während des Frühstücks erschien ein Onkel von George. Als er das Schwarzbrot sah, sagte er: „Aha! Die backen immer noch Brot mit Baumrinde!"

1917 geriet der Onkel in deutsche Gefangenschaft! Höflich probierten alle ein Stückchen Schwarzbrot ... Ja, sehr würzig, aber schwer zu kauen. So wanderte das Brot zu den beiden anderen „rohen" Lebensmitteln. Ich glaube, man hielt mich für einen „echten Hunnen".

In den nächsten drei Wochen hatte ich nicht viel Zeit, mich über „Hunnen" usw. zu unterhalten:
Empfang beim Oberbürgermeister ... mit Tee!
Gala-Dinner bei NALGO ... mit Tee!
Rundfahrten (Isle of Wight, Kathedrale von Westminster, ein Tag in London).
Natürlich auch Besuch von Nelsons „Victory".

Es folgten Besuche bei den verschiedensten Dienststellen der Stadt, Polizei, Schulen und Gerichten. Überall stellte man mich als „Vice Chairman" des KOMBA vor, also als stellvertretenden Vorsitzenden. George sagte auf meine Einwendungen: „Macht nichts! Klingt doch gut!" Ich musste Reden halten und der Lokalzeitung ein Interview geben. Ein Gefühl ist das!

Mein unverschämtes Glück war, dass ich stets von den positiven Eindrücken in England sprach: Dem ausgezeichneten Straßenverkehr, dem Wiederaufbau, dem guten Schulwesen usw. Engländer mögen es nicht, wenn Ausländer zu viel von ihrem eigenen Land reden.

Gleich in den ersten Tagen fragte man mich mehrmals, wie lange ich in Amerika gewesen sei. George klärte mich auf: Amis waren nicht beliebt! Ich hatte sicherlich zu viel der Aussprache vom amerikanischen Stadtkommandanten übernommen.

Also übte ich zwischendurch „feines" Englisch.

Ich könnte noch viel mehr über diesen Besuch schreiben, aber das passt hier nicht hin. Ich war ja in dienstlichem Auftrag gekommen. So bemühte ich mich also, die „Paragraphenreiterei" in England zu studieren.

Fazit: Mit kleineren und größeren Unterschieden, hauptsächlich organisatorischer Art, nichts anderes als bei uns. So gab es z. B. keine Mittelbehörden (Regierungspräsident). Die kleinste Stadt verkehrte unmittelbar mit dem Innenminister.

Was es mit den Grafschaften auf sich hatte, konnte ich nicht verstehen. Andererseits war es schier unmöglich, den Status des deutschen Beamtentums zu erläutern.

Und dann die Gewerkschaften! Es sollte hunderte davon geben, manche mit nur zehn Mitgliedern und untereinander spinnefeind oder befreundet!

Wie viele Arten von Gerichten es gab, weiß ich nicht mehr, aber sie schienen für alles zuständig zu sein und wenn nicht, dann ging die Sache an das nächsthöhere Gericht. Unsere Spezialgerichte (ordentliche Gerichte, Verwaltungs-, Arbeits- und Sozialgerichte) gefielen meinen Gesprächspartnern nicht. Mein Erstaunen, dass ein Polizist als Ankläger auftreten konnte, erschien unverständlich.

Rechtsanwalt war nicht gleich Rechtsanwalt! Soweit ich es verstand; gab es drei Arten, je nach Aus- und Fortbildung. Nicht jeder Anwalt war für jedes Gericht zugelassen.

Gesetze (Acts) gab es genug und sie bereiteten den englischen Kollegen genau so viel Ärger wie uns.

Als Ergebnis meiner Besuche nahm ich mit heim: Engländer sind viel mehr Individualisten als wir. Und sie sind freundlicher und hilfsbereiter gegenüber Fremden. So „cool" wie wir glauben, sind sie nicht.

Ihre „Kochkünste" erwähne ich hingegen lieber nicht. Der öffentliche Dienst hat dieselben Sorgen wie wir. Das Schulwesen ist wesentlich besser.

Eine kleine Geschichte möchte ich aber noch erzählen: George arbeitete im „Registration Office". Ich dachte das wäre das Standesamt, es war aber die Zulassungsstelle für Kraftfahrzeuge, Joyce war Lehrerin.

Da die Kinder von 9.00 Uhr (überhaupt allgemeiner Dienstbeginn, bis 17.00 Uhr in der Schule waren, mit freiem Mittagessen!), wechselten sich George und Joyce bei der Zubereitung des Abendessens ab.

Als George wieder an der Reihe war, schlug ich vor, ihm mit einem deutschen Gericht zu helfen! Ich konnte nur Reibekuchen / Kartoffelpuffer machen.

Gutmütig, aber mit Bedenken holte er dicke Kartoffeln. Wir schälten und rieben auf Teufel komm raus! Dann etwas Mehl zum Teig, Salz nach Gefühl und ein paar Eier. Flache Pfannen gab es nicht, wohl aber hochrandige Sauce-Pans.

Das Umdrehen der Puffer war schwierig. Vorsichtiges Probieren … und im Nu waren die Dinger weg! Joyce bat mich um das Rezept. So gut ich konnte beschrieb ich es. Dreimal gab es abends Reibekuchen und wann immer ich zu Besuch in der Nachbarschaft eingeladen wurde auch, allerdings immer mit Tee!

Meine Zeit war zu schnell abgelaufen. Die ganze Familie brachte mich zum Bahnhof. Die Jungen trugen die Lederhosen. Joyce hatte sie reinigen lassen. Sie konnte nicht verstehen, dass die Hosen wertvoller waren, wenn sie schön speckig aussahen! Die Jungen trugen auch bei Ausflügen die Hosen. Wir hörten oft Bemerkungen wie: „Diese Germans sollten doch lieber zu Hause bleiben!"

Den mir offiziell verliehenen NALGO-Schlips habe ich noch heute. Er hat allen Ausmusterungen widerstanden! Den Schlips trugen die Kollegen bei ihren Treffen und Jahresversammlungen.

Gegenbesuch war vereinbart, aber erst 1974 hatten wir die Freude, George bei uns zu begrüßen. Auch das war eine schöne Zeit. Leider starb George zwei Jahre später. Den gesamten Briefwechsel der 20- jährigen Freundschaft habe ich noch!

Als letztes: 1954 musste ich für ein Pfund Sterling noch 14,- DM bezahlen und die Rechnerei mit Penny, Shilling und Pfund habe ich nie ganz kapiert! Ich hoffe, dass ich ein wenig dazu beitragen konnte, das Misstrauen der Engländer gegenüber Deutschen abzubauen!

Die Rückfahrt war sehr stürmisch und ich opferte Neptun mehrmals… meinen Mageninhalt!

Ein netter Herr unterhielt sich mit mir auf Englisch bis zur deutschen Grenze. Erst dort stellen wir fest, dass wir beide Deutsche waren. Ja und dann musste ich einen Bericht schreiben und mehrere Vorträge in Deutschland abhalten! Die Kollegen waren ja darauf gespannt, was ich zu berichten hatte.

§ 53 RIJKS-POLITIE

Die Schilderung meiner Erlebnisse in England erinnert mich an ein anderes Zusammentreffen mit Beamten im Ausland: Seit Jahren verbringen wir unseren Urlaub auf der Halbinsel Walcheren, Provinz Zeeland, in den Niederlanden.

Aus dienstlichen Gründen musste ich einmal meine Familie vorfahren lassen, ich folgte erst drei Tage später. Bei dem Wechsel von einer Autobahn auf die nächste gab es einen kleinen Stau.

Plötzlich sauste ein deutscher Wagen gegen das Heck meines stehenden Autos und mein Auto wurde gegen den holländischen Wagen vor mir geschubst. Allzu viel war nicht passiert. Ein paar Blechbeulen, aber der Motor meines Wagens schrillte in den höchsten Tönen. Also stellte ich ihn erst einmal ab. Wir stiegen aus und diskutierten. Der Fahrer aus Deutschland erklärte sich sofort schuldig, doch der Holländer wollte lieber die Polizei benachrichtigen.

Nach kurzer Zeit kam der Streifenwagen der Rijks-Politie. Der Unfall wurde protokolliert und unterschrieben. Dann hätten wir weiterfahren können, aber der Motor meines Wagens sprang nicht mehr an. Ich fischte meinen Dienstausweis aus der Brieftasche und bat den Streifenführer um Hilfe. Könne er nicht bitte einen Abschleppdienst benachrichtigen?

Der Polizist studierte in Ruhe den Ausweis: „Der ... ist bei der Stadt ... beschäftigt und beim Amt für öffentliche Ordnung tätig. Er ist berechtigt und verpflichtet, alle zur Erfüllung seiner dienstlichen Aufgaben erforderlichen Handlungen durchzuführen: Ordnungs- und Vollzugsaufgaben.

Zur Erfüllung dieser Aufgaben hat er die den Polizeibeamten zustehenden Befugnisse. Er ist berechtigt, bei der Durchführung seiner Aufgaben Zwang anzuwenden. Seine Vollzugstätigkeit genießt den besonderen Schutz des § 113 StGB. Es wird gebeten, ihn dabei zu unterstützen und nötigenfalls Schutz zu gewähren."

Der Polizist griff zum Auto-Telefon und sprach mit jemanden, ich dachte mit einem Abschleppdienst. Wenig später kurvte aber der Polizei-Werkstattwagen heran. Die Monteure arbeiteten einige Zeit an meinem Wagen herum... und fuhren dann mit ihm weg!

Der Streifenführer kam zu mir und sagte, dass ich keine Angst zu haben bräuchte. Der Schaden sei behoben und nun müsse eine Probefahrt gemacht werden. Einen deutschen Kollegen von der „Stadtpolizei" ließe man doch nicht im Stich! Mein Wagen kam zurück. Ich bedankte mich und fragte, was ich zu zahlen hatte! Nichts, aber auch gar nichts! Vielleicht eine Kiste Bier? Nein, auch das nicht! Nun dann wenigstens eine Zigarette zusammen rauchen. Den Gefallen taten sie mir und wir klönten noch ein Viertelstündchen.

Von den Großeltern hatte ich Plattdeutsch gelernt und so klappte die Unterhaltung ganz gut ... außerdem konnten die Beamten ziemlich gut deutsch sprechen. Nochmals: Vielen Dank. - Gute Reise! Zwei Polizeiwagen sperrten die Autobahn, damit ich einfahren konnte. Sicher erreichte ich meine Familie!

Wenn ich später mit Holländern zu tun hatte, dann versuchte ich, durch Hilfe ein wenig zu danken.

§ 54 EHRENGRUß

Ein weiteres schönes Erlebnis mit ausländischen Beamten hatte ich im Herbst des Jahres 1951, als ich allein zum Bodensee fuhr. Ich blieb dort ein paar Tage und machte mich auf in die Schweiz. Weiter ging es nach Liechtenstein und Österreich.

An der Grenze kontrollierte ein österreichischer Zöllner meine Papiere.

Er blätterte in meinem Pass ... und stutzte. „Sind's wirklich ein Stadtinspektor?" wienerte er. Ich bejahte und nun stutzte ich. Der Zollner brüllte auf einmal: „Habt's Acht!" und weitere drei Zollbeamte flitzten herbei. Sie stellten sich in eine Reihe auf und salutierten. Der Kommandant rief dann: „Wir wünschen dem Herrn Stadtinspektor einen schönen Aufenthalt in unserem Land und eine gute Fahrt!"

Ich wusste nicht, wie mir geschah! Zuerst dachte ich, der Zollbeamte hatte Verstärkung herbeigerufen, um mich festzunehmen. Verlegen lächelte ich, grüßte höflich zurück und machte schleunigst, dass ich weiterkam!

Was war denn das? - Vielleicht einer der österreichischen Übertreibungen? Angeblich wurde ja jeder Fremde mit „Herr Baron" oder „Herr Hofrat" tituliert.

Übernachtet habe ich in abgelegenen Dörfern und habe das niemals bereut. Hier bin ich stets gut behandelt und „gefüttert" worden. Am Tag nach dem „Salut" lernte ich einen älteren Herrn kennen; der besonders achtungsvoll umsorgt wurde.

Im Laufe des Gesprächs hörte ich den Wirt sagen: „Alles so recht, Herr Stadtinspektor?" Ich nickte: „Danke; alles sehr gut!" entgegnete ich... Dabei war gar nicht ich gemeint! Fragen und Antworten hin und her. Der ältere Herr war gemeint. Stadtinspektor war in Österreich ein sehr hoher Regierungsbeamter, der viel unterwegs ist, um die Städte bzw. die Verwaltungen zu inspizieren!

Wir haben an diesem Abend noch viel gelacht und einige Viertel Tiroler Roten „vernichtet".

§ 55 HELLE JUNGS

Unsere Außenbeamten konnten wählen, ob sie eine Monatskarte für Straßenbahn und Autobus haben wollten, oder lieber mit ihren eigenen Wagen ihr Revier durchstreiften. Natürlich wählten fast alle das Auto. Sie erhielten dafür eine km-Vergütung, mussten aber ein Fahrtenbuch führen.

Nebenbei: Mit dem Auto waren sie schneller und konnten mehr erledigen! Hin und wieder wurde einer wegen Überschreitens der Höchstgeschwindigkeit erwischt. Meistens kannte man sich … und die Sache war erledigt.

Ein Kollege arbeitete ehrenamtlich beim DRK. Auf dem Rücksitz seines Wagens lag immer ein Paket mit dem „Roten Kreuz". Wurde er angehalten, dann rief er: „Schreibt auf! Hier mein Ausweis, aber nun lasst mich weiter. Das Krankenhaus braucht dringend die Blutkonserve!"

Das ging so lange gut, bis der Schutzbereichsleiter mich anrief und fragte, ob der Kollege eigentlich wirklich während der Dienststunden Blut transportieren müsse!

Ein anderer Kollege (gerade von der Verwaltungsschule zu uns gekommen), geriet an einen Polizeibeamten, der lakonisch sagte: „Sie sind zu schnell gefahren. Macht fünf Mark. Hier die Verwarnung!"

Der Schlaumeier nahm den Verwarnungszettel an und antwortete seelenruhig: „Sie haben mich nicht auf meine Rechte hingewiesen und gefragt, ob ich mit einer gebührenpflichtigen Verwarnung einverstanden bin. Damit ist der Verwaltungsakt nichtig!", womit der Kollege vollkommen recht hatte.

Der arme Schutzmann sah es ein und musste die 5,- DM dann aus eigener Tasche bezahlen, denn ihm fehlte ja der Betrag. Ich riet dem Kollegen, jetzt besonders aufzupassen. Da er einen auffälligen Wagen fuhr und der Polizist mit Sicherheit seine Kollegen unterrichtet habe.

Es gab schon „ausgekochte" Burschen im Außendienst.

§ 56 DER BOSS

Mit Wirkung vom 01.10.1970 wurde ich in die Stelle des Leiters der Nebenstelle des Ordnungsamtes eingewiesen. Zum selben Zeitpunkt erhielt ich meine Beförderungs-Urkunde. Was war geschehen?

Unser geschätzter „Major" erkrankte schwer und ließ sich vorzeitig pensionieren. Bei allem Bedauern dachte ich doch daran, wen man mir nun vor die Nase setzen würde; denn eine Beförderung über zwei Dienstgrade konnte ich ruhig ausschließen.

Nein, Hauptamt und Personalamt fanden heraus, dass die Leitung des Rathauses und des Ordnungsamtes in Personalunion doch wohl nicht das Richtige sei, zumal ja die räumliche Trennung bestand.

Die Planstelle „Nebenstellenleiter Ordnungsamt" wurde um einen Dienstgrad zurückgestuft. Das war die Voraussetzung dafür, dass zwei Kollegen befördert werden konnten, nämlich der stellvertretende Rathauschef und ich!

Für mich begann damit eine tiefgreifende Änderung in meiner Arbeit. Der Umzug ging in ein paar Minuten vor sich. Ich brauchte ja nur mein „Zeug" aus meinem alten Schreibtisch und Schrank zu nehmen und durch das Büro von Kissel zu gehen, um mein neues Domizil zu beziehen.

Mein „altes" Büro und das von Kissel waren durch eine breite Schiebetür miteinander verbunden und die stand immer offen. So kriegte ich das ganze Geschehen mit.

Jetzt hatte ich nur noch eine normale Verbindungstur zu Kissels Büro. Mein „neuer" Schreibtisch stand zudem so, dass ich wohl alles hören, aber nichts mehr sehen konnte. Irgendwie fand ich mich eingeengt. Und dass, wie ich später merkte, nicht nur räumlich! Denn die Kollegen und auch die Besucher kamen nur noch selten zu mir.

Eines Tages hörte ich, wie jemand im Nebenraum fragte, ob der „Boss" zu sprechen sei... und so wurde mein - wie soll ich sagen – „Spitzname" erfunden.

Beim Zusammentreffen in der Remise hieß es ab da: „Hallo Boss, wie geht es?" oder "Schönen Feierabend, Boss".

Die bittere Erfahrung blieb auch mir nicht erspart, dass durch die Beförderung eine gewisse Entfremdung oder Absonderung eintrat! Unser Clown, Berti Collmann, fragte mich sogar, ob er mich nun „siezen" müsse. Blödmann, das wäre doch wohl das Letzte!

Sprachen die Kollegen früher mit mir über dienstliche und auch private Sorgen und Nöte, so kamen sie nun nur noch mit dienstlichen Fragen.

Trat ich in ein Büro, dann verstummten Gespräche und die Kollegen gaben sich den Anschein, viel Arbeit zu haben! Das passte mir ganz und gar nicht!

Mit Tricks versuchte ich, die Kollegen heranzulocken. So schrieb ich „b. R." (bitte Rücksprache) auf eingehende Post. Natürlich kamen die Betroffenen, aber das Gespräch blieb leider doch meist auf das Dienstliche beschränkt.

Auch bei unseren traditionellen Weihnachtsfeiern blieb ich mit meiner Familie allein am Tisch, selbst wenn noch Platz war. Hatte ich endlich Glück mit später kommenden Kollegen nebst Anhang, dann schleppte sich die Unterhaltung nur mühsam hin. Und bei so einer miesen Stimmung meinerseits musste ich die Festrede halten!

Mein Aufgabenkatalog unterschied sich von dem bisherigen völlig. Ich, der immer darauf aus war, mit Menschen umzugehen, sollte mich auf das „Führen und Leiten" beschränken. Zu meinem größten Pech gehörte auch das Haushalts-, Kassen- und Rechnungswesen dazu!

Irgendwie hatte ich eine Eingebung! Warum war ich nicht schon früher darauf gekommen? Meine Großmutter teilte ihr Geld immer so ein: In eine Dose oder Sammeltasse kam das Geld für die Miete, in eine andere das Geld für Gas, in die dritte das für Anschaffungen usw.

Wenn ich nun an die Stelle der Dosen und Tassen die Haushaltsstellen setzte, dann war das ja dasselbe Verfahren! In die Dose <Haushaltsstelle> „Gebühren Jagdscheine" kamen eben die dafür eingenommen Gelder usw.

In wenigen Wochen war ich fit! Kleinigkeit, die Überschüsse einer „Dose" in die Dose „Ersparnisse" zu tun (umzubuchen)!

Später richtete ich kleine Lehrgänge für Anwärter und Neue ein. Darin hatte ich ja genügend Erfahrungen!

Die dienstlichen Beurteilungen fertigte ich nie allein an. Der Sachbearbeiter, dem der Anwärter oder die Anwärterin zugeteilt waren, ließ ich entscheidend teilnehmen.

Hörte ich die Stimme eines „Stammkunden" (Jagdscheininhaber, die zur Verlängerung der Gültigkeit ihrer Urkunden kamen; Bestatter, die Leichenpässe beantragten; Gastwirte, die Sperrstundenverkürzungen beantragten, usw.), dann flitzte ich aus meiner Bude, um sie zu begrüßen.

Langsam, aber sicher baute ich so die „Trennwand" ab. Nach und nach kamen die Kollegen wieder „freiwillig" zu mir, um ein „Quätschchen" zu halten. Auch am außerdienstlichen Geschehen ließen sie mich wieder teilnehmen! War es eigentlich dem „Chef" und dem „Major" ähnlich ergangen? - Ich glaube: Ja!

Ein Quäntchen der Wand blieb aber; besonders bei den Neuen. Da gab es kein „Du" mehr als Grundlage für restlose Offenheit. Nur Herbert Dittmann, der inzwischen in den Personalrat gewählt worden war, verhielt sich mir gegenüber unverändert und nannte mich niemals „Boss"!

Andererseits brachte die Beförderung auch Vorteile und die nicht nur für mich. Der Leiter der Nebenstelle stand einem Abteilungsleiter der Hauptstelle gleich. Aber, die Abteilungsleiter waren nur für ihre Abteilung zuständig (allgemeine Ordnungssachen, Gewerbeabteilung, Jagd- und Fischereischeine, Außendienst, Groß- und Wochenmärkte), während der Nebenstellenleiter alles zu verantworten hatte.

Deshalb war meine Stelle um einen Dienstgrad höher bewertet ... zu Recht! Bei den periodischen Besprechungen der Abteilungsleiter war ich nun zugegen. Ja, als einmal der Amtsleiter und sein Vertreter abwesend waren, durfte ich das „Kommando" über das gesamte Ordnungsamt übernehmen, zehn Tage lang.

Die Kollegen nutzten das weidlich aus, um mich zu foppen. Sie legten mir die einfachsten Fälle vor und baten um Entscheidung! „Mach' dass wie immer", sagte ich oder „wenn Du das nicht kannst, dann lass das den oder den machen. DER kann es!"

In diesen zehn Tagen standen zwei höchst unangenehme Fälle zur Entscheidung an, zwei Außenbeamten drohte die fristlose Entlassung.

Der eine hatte bei einer Polizeikontrolle zu viel Blut im Alkohol! Da er schon einmal aufgefallen war und eine Geldstrafe aufgedonnert bekam, lautete das Urteil nun auf drei Wochen Knast ohne Bewährung. Pflichtwidrig hatte er die Bestrafungen nicht dem Personalamt gemeldet!

Der andere war von einer „Bordsteinschwalbe" beschuldigt worden, durch Drohungen ein „Schäferstündchen" ohne Bezahlung verlangt zu haben. Beweise hatte die Dame nicht und der Kollege stritt alles entschieden ab!

Beide Kollegen galten als gute und tüchtige Kräfte. Ihre Personalakten waren sauber. Der zuständige Dezernent bestand aber auf wirksame disziplinarrechtliche Maßnahmen zur Abschreckung. Mehrfach sprach ich bei ihm vor und rückte die guten Eigenschaften der beiden ins Scheinwerferlicht. Der Dezernent ließ sich schließlich breitschlagen und beließ es bei einer Verwarnung.

Menschen und das sind Beamte eben auch, machen manchmal Fehler. Die unsichtbare Trennwand zwischen Abteilungsleiter, Amtsleiter und Dezernent fand ich auch im Zentralamt und darüber hinaus.

Ein Freund aus Anwärterzeiten machte eine ungewöhnlich steile Karriere! Eine Beförderung jagte die andere und schließlich war er der Personaldezernent!

Früher waren wir oft zusammen, auch außerdienstlich. Beide gehörten wir zu einem Kreis, der gerne feierte. In dem Maße, wie der Kollege aufstieg, stieg auch die Entfremdung! Trafen wir uns, dann sprachen wir wohl kurz zusammen, aber die Wand blieb! Leider!

§ 57 DAS STRAßENVERKEHRSAMT

Diese Dienststelle habe ich bisher nur bei der Raumverteilung im „Konsum-Haus" erwähnt, nebenbei auch aus der Rathauszeit. Sachgebietsleiter war ein lieber Kollege, mit dem ich schon bei der Preisbehörde zusammengearbeitet hatte.

Ursprünglich kam er aus dem Außendienst, absolvierte die Lehrgänge I und II (mittlerer und gehobener Dienst) mit Erfolg und erhielt die genannte Stelle.

Die Konjunktur zeigte stetig nach oben. Dabei stieg auch die Zahl der Führerschein- und Autobesitzer.

Mit den vorhandenen Dienstkräften war die Mehrarbeit nicht zu schaffen. Für zwei neue Mitarbeiter brauchte der Kollege ein weiteres Büro.

Für meine bisherige Stelle gab es keinen Ersatzmann. Deshalb „versetzte" ich den Fundminister in mein altes Büro und das seinige schlug ich zum Straßenverkehrsamt.

Erwin Unterberg freute sich sehr darüber. Er war nun nicht mehr so „isoliert" und brauchte Kasse und Marken nicht einzuschließen, wenn er mal ins Lager wollte. Die Schiebetür stand ja offen!

Im Erdgeschoß gab es ständig Gedränge von Bürgern, die zum Straßenverkehrsamt wollten. Natürlich ließ ich mich hin und wieder dort sehen, aber das Aufgabengebiet war dem Ordnungsrecht eigentlich fremd, so dass dienstliche Zusammenarbeit entfiel.

Dass kam wohl auch „oben" an, denn eines Tages trennten sich die Ämter. Das Straßenverkehrsamt wurde selbständig und der Kollege Zweigstellenleiter. Da ich nun mit diesem Kollegen auch rein organisatorisch nichts mehr zu tun hatte, beschränkten sich die Beziehungen auf gelegentliche Treffen auf dem Hof.

Zu meiner Freude ließen uns die „von unten" weiterhin an ihrem Überfluss von Kalendern und Schreibstiften teilhaben.

Eine junge Dame, Angestellte einer Fahrschule, besuchte uns seit Jahren regelmäßig, um Führerscheinanträge abzugeben. Das war auch schon im Rathaus so.

Im Konsum-Haus hatte sie mich eigentlich nicht mehr gesehen, aber nachdem sie unten alles erledigt hatte, kam sie immer noch auf einen Sprung zu mir. Dabei ließ sie einmal ihren Schirm stehen ... und umgehend füllte ich diesen mit Konfetti. Ich wusste, dass sie bestimmt noch einmal heraufkommen würde, denn es regnete in Strömen. Sie kam auch, nahm ihren Schirm und ging.

Sofort stürzte ich ans Fenster, um zuzusehen, wie beim Öffnen des Schirmes das Konfetti über sie rieselte. Ich sah sie aber nirgends.

Das dauerte aber lange!

Als ich ihre Stimme in meinem Büro hörte, drehte ich mich verwundert um. „Das könnte Ihnen so passen!" sagte sie ... und schüttelte den Schirm in meinem Büro aus.

Wir lachten, bis uns die Bäuche weh taten. Der Raum sah danach aus, wie nach Karneval!

Mit einem Tuch wischte ich die runden Plättchen so gut es ging zusammen, aber die meisten musste ich mit den Fingern vom Linoleumboden aufklauben. So wie ich, dürfte auch Helmut Kissel in der Badeanstalt geflucht haben.

§ 58 AUFZIEHENDE WOLKEN

Kissel blieb nicht mehr lange bei uns. Im Jugendamt wurde eine Stelle frei, er bewarb sich und erhielt die Stelle. Er rückte einen Dienstgrad höher. Wir gönnten ihm die Beförderung, aber einen Ausstand gab es nicht. Der Igel saß vermutlich wieder auf der Geldbörse!

Als Nachfolger holte ich den Außenbeamten Kurt Rotter, der schon länger angenehm aufgefallen war. Rotter hatte bereits beide Lehrgänge besucht und auch sonst schien er sehr fähig zu sein.

In kurzer Zeit war er so weit, dass er selbständig arbeiten konnte. Ich greife ein wenig vor, wenn ich erwähne, dass Rotter heute eine bedeutsame Stelle einnimmt. Aber darauf komme ich noch zurück.

Neue Gesetze und Gesetzesänderungen kamen in schöner Regelmäßigkeit. Wir hatten zwar eine Vorschriften-Sammlung in „Loser-Blatt-Form", aber wenn die Ersatzblätter ankamen, waren die Vorschriften meist schon wieder überholt.

Wir schnibbelten die neuen Vorschriften auseinander und überklebten damit die alten Texte oder änderten sie handschriftlich. Wehe, wenn in einer Ordnungsverfügung oder einer Entscheidung in der Akte die Änderungen fehlten.

Die Verwaltungsgerichte hätten sie verworfen, selbst bei richtiger Anwendung.

Ein Kollege des Finanzamtes versicherte mir, dass es wohl keinen Beamten in seiner Behörde gäbe, der alle Bestimmungen kenne!

Ich versuche das mit einem Beispiel zu belegen: *„Gemäß § 17 Absatz 3 Ziffer 6 Buchstabe c, letzter Halbsatz des Gesetzes über Anpflanzung und Ernten von Sonnenblumen vom 01.01.70 - Sonnenblumengesetz - SoBluG – (Bundesgesetzblatt I- BGBl I, Seite 546), zuletzt geändert durch das Gesetz vom 15.03.1976 (Bundesgesetzblatt - BGBl I, Seite 389), in Verbindung mit § 67 Absatz 7 Ziffer 2 des Gesetzes zur Ordnung der Aufbewahrung von Sonnenblumensamen - Sonnenblumensamen-Aufbewahrungsgesetz vom 18.04.1977 SoBluSaAbG (BGBl I Seite 278), in der Fassung vom 29.08.78 (BGBl I Seite 567) sowie unter Hinweis auf § 83 Absatz 12 des Gesetzes zur Beseitigung abgeernteter Sonnenblumen-Stämme - Sonnenblumen-Rückstands-Gesetz - SoBluRUG - vom 29.07.78 {BGBl r Seite 334) ordne ich an: …"*

Natürlich gibt es nicht wirklich ein Gesetz, die sich speziell mit Sonnenblumen befassen (oder vielleicht doch?). Aber so ähnlich müssen Beamte mit den Gesetzen, Verordnungen und Vorschriften jonglieren.

Wenn dann noch die an sich aufschiebende Wirkung eines Widerspruchs aufgehoben würde, käme das Beispiel einem „Kunstwerk" in Beamtendeutsch gleich.

Ein Gesetz, dass sich mit der Herstellung, der Lagerung und dem Verkauf von Gummibärchen befasst, gab es wirklich! Es gab sogar Vorschriften der EG über den Handel mit Büroklammern! Ist es da ein Wunder, dass es ein „Amtsdeutsch" gibt? Selbstverständlich sollte sich jeder Beamte bemühen, verständlich zu schreiben … aber die Komplexität der Gesetzestexte lassen das vielfach nicht zu! Es ist eine hundsgemeine Arbeit so einen Bescheid „zusammenzubasteln".

Da ich von Natur aus faul bin, habe ich mir von Schriftsätzen, die häufig wiederkehrten, Kopien angefertigt und sie abschnittsweise nummeriert. Beim Diktat einer gleichartigen Entscheidung konnte ich sagen: „Weiter wie Nr. 31 bis 36" usw.

Ich gebe gerne zu, dass das Verfahren nicht von mir erfunden wurde.

Irgendwo habe ich das abgeguckt. Andere Tricks gab es auch noch, um sich die Arbeit zu erleichtern. Man sollte aber nicht alles verraten.

Ein Beamter hat irgendwann einmal das „Heideröschen" in Beamtendeutsch übersetzt. Das lautet dann so: *„Ein Knabe wurde eines auf der Heide gelegenen Rösleins ansichtig. Selbiges war ein so schönes und morgenrotes, dass er nicht umhinkonnte, es mittels Herantretens in Augenschein zu nehmen."* usw.

Ich konnte häufig feststellen, dass Beamte diesen Stil gar nicht mochten, aber wie kann man das ganz ausmerzen? Ich glaube, dass der Gesetzgeber damit anfangen muss.

Aber zurück zu den „aufziehenden Wolken".

Nach dem Ölpreisschock wurde Sparsamkeit wieder großgeschrieben. Und wo lässt es sich am besten sparen? Natürlich an der Zahl der Bediensteten. Langsam, aber sicher setzte sich durch, dass freiwerdende Stellen nicht wiederbesetzt wurden. Abgesehen von Ausnahmen! Also Mehrarbeit, durch die die Qualität nicht gerade verbessert wurde.

Nach und nach sickerte durch, dass eine große Gebietsreform anstehe. Wilde Gerüchte kamen auf. Es bildeten sich Bürger-Initiativen mit dem Ziel, die Selbständigkeit der von der Eingemeindung bedrohten Kommunen zu erhalten.

Wir wurden mit „Bestandsaufnahmen" (Aufgaben, Bedienstete, Gebiete, Einwohner usw.) förmlich überschüttet. Zählbogen über täglich vorsprechende Bürger, tägliche Zahl der Anrufe, Fallzahlen und anzuwendende Gesetze waren auszufüllen.

Wir schlossen schon Wetten ab, welche Stadt eine andere schlucken würde: Dazu kam die Ungewissheit, wo man selbst wohl lande.

Die Stimmung bei den Kollegen war allgemein mies und die laufenden Aufgaben blieben natürlich weiter zu erledigen. Die bisher geschilderten kleinen „Auflockerungen" nahmen ja nur Minuten in Anspruch, aber dazu fehlte bei diesen Aufregungen einfach die Lust!

Es grenzte schon an ein Wunder, wenn trotzdem einmal etwas Fröhlichkeit aufkam. Roman Abel, der neue Sachbearbeiter „Reisegewerbe" empfing einen Straßenmusiker ganz besonderer Art, dessen Spielerlaubnis erneuert werden musste.

Dieser Musiker war mit mehreren Instrumenten behangen.

Auf dem Rücken eine Pauke, der Schlägel mit Schnurverbindung zu einem Fuß. Auf dem Kopf einen buntbemalten alten Stahlhelm, darauf ein Schellenspiel montiert. Gitarre mit Drahtgestell für die Mundharmonika. Wir kannten den Mann seit Jahren, nur Roman noch nicht. Und so studierte Roman den Musikanten genau, ließ sich alles erklären und behauptete dann, er müsse sich erst davon überzeugen, wie sich die „Musik" anhöre, eher gäbe es keine neue Spielerlaubnis.

Nun, der Musikus tat ihm den Gefallen und legte los! Das „Tschingderassa-Bumm-Tata" war im ganzen Haus zu hören. In kurzer Zeit versammelten sich an die zwanzig andächtiger Zuhörer und verlangten nach Zugaben. Da sie auch ein paar Groschen spendeten, ließ der Gute mit Gefuchtel und Gehopse sein ganzes Repertoire hören.

Am nächsten Tag stand in der Zeitung: **„Lustige Klänge aus dem Ordnungsamt"**.

Dabei war uns gar nicht lustig zumute. Die Gerüchte verdichten sich mehr und mehr und eines Tages lag das Gesetz über die kommunale Gebietsreform vor, gültig ab 01.01.1975.

Bis zu diesem Tag hatten wir noch etwas Zeit. Die ging für die organisatorischen Vorbereitungen drauf, damit am Tage „X" alles weitergehen konnte. Bis dahin lief aber auch die normale Arbeit weiter.

§ 59 HEIMKEHR

Unser Duisburg vergrößerte sich dadurch ganz erheblich. Eingemeindet wurden eine Stadt im Norden (Walsum), zwei Städte (Homberg und Rheinhausen) und zwei Gemeinden (Rumeln-Kaldenhausen und Baerl) im Westen.

Sieben Stadtbezirke entstanden. Da alle Bezirke in etwa gleich groß sein sollten (Fläche und Einwohner) mussten etliche „Verschiebungen" vorgenommen werden. Unser bisheriges Zuständigkeitsgebiet verkleinerte sich beträchtlich. Die Bezirksämter wurden so gestaltet, dass die Bürger in (fast) allen Angelegenheiten dort vorsprechen konnten.

In den Sachgebieten vor Ort sollte auch entschieden werden. Nur in wenigen Fällen mussten die Zentralämter (etwa Straßenverkehrsamt) aufgesucht werden.

Leiter der Bezirksämter waren in etwa mit Stadtdirektoren kleiner Städte zu vergleichen, die gewählten Bezirksvertretungen mit dem Stadt- oder Gemeinderat. Der Bezirksvorsteher war praktisch Bürgermeister. Ein kleiner „Etat" und ein alleiniges Entscheidungsrecht oder zumindest ein Mitwirkungsrecht sicherte den Bezirken eine gewisse Eigenständigkeit.

Neben den Flächen und Einwohnern „verloren" wir natürlich eine ganze Reihe von Kollegen mit allen Möbeln und sonstigem „Handwerkszeug"! Ändern konnten wir ja nichts. Also: In die Hände spucken und ran! Wäre ja gelacht, wenn wir das nicht schafften!

„Wir", das waren vom Innendienst nur noch Herbert Dittmann, Harri Jaenner und ich. Erste Aufgabe: Rückkehr ins Rathaus organisieren! Vorgesehen waren, der Lage nach, in etwa die früheren Räume, nur nicht im ersten Geschoss, sondern im Vierten, dem Dachgeschoss. Diese Räume dienten zuletzt dem Katasteramt, dass nun völlig zentralisiert wurde und in die Innenstadt kam. An den Türen prangten noch die Namensschilder der Katasterleute. Auf einem stand „optischer Pantograph". Herbert konnte nicht anders: er musste den führenden Leiter des Katasteramtes fragen, ob der Kollege Ausländer sei? Etwa Grieche?

Milde lächelnd belehrte uns der schon ältere Herr, was ein Pantograph sei. Harri Jaenner und ich wendeten uns ab, um unser Grinsen verbergen zu können. Er dachte ja, wir wüssten es nicht. Natürlich war es ein mechanisches Gerät zur Übertragung von Zeichnungen.

Wie es der Zufall wollte, sah ich nach Dienstschluss den Herrn Katasteramtsleiter auf dem Fahrrad nach Haus strampeln.

Er stieß gegen eine Unebenheit und stürzte kopfüber vom Rad. Ich hielt an, um ihm zu helfen. Doch der Herr Amtsleiter hatte sich schon wieder aufgerappelt, stieg auf und fuhr weiter. Am nächsten Tag fragte ich ihn, warum er denn gestern so umständlich vom Rad gestiegen sei. „Nein", belehrte er mich „ich bin gefallen!" Was mag er wohl über uns gedacht haben?

Die Räume waren in gutem Zustand und an der Fensterseite lief sogar ein Balkon entlang, Den habe ich aber nie betreten, denn das Geländer weckte in mir Argwohn hinsichtlich der Haltbarkeit! Was mir aber überhaupt nicht gefiel, war die Lage im Dachgeschoss.

Es gab zwar einen Aufzug bis zum Hof, aber der Weg vom Aufzug zu den Büros war sicher 150 Meter lang und etwa gleich lang war er bis zur Toilette. Außerdem lagen die Aufbewahrungsräume für die Fundsachen im Keller. Alles war also sehr ungünstig!

Der Umzug ging zügig vonstatten. Den dicken Tresor des Straßenverkehrsamtes konnten wir mitnehmen, denn die Belegschaft kam ganz zum Zentralamt. Wegen ihrer Kriegsleiden ließen sich Roman Abel und Rolf Bauer vorzeitig pensionieren.

Unsere neue Mannschaft bestand nun aus: Herbert Dittmann und Rudi Goller (besondere Gewerbearten), Harri Jaenner (allgemeine Gewerbesachen), Bruno Falcke und Werner Weiler (bisher Außendienst, nun Allgemeine Ordnungssachen, Jagd-, Fischerei- und Bestattungssachen sowie Fundsachen) Und dann war da noch der Sachgebietsleiter (meine Wenigkeit).

Kurt Rotter, Erwin Unterberg und viele Außenbeamte mussten uns verlassen, leider auch Hans Schwehr. Sechs Mann im Innendienst und zehn Außenbeamte gegenüber früher rund 45 Dienstkräften (ohne Straßenverkehrsamt)! Keine Stenotypistin mehr. Aber zum Glück lagen die Zimmer des Zentralen Schreibdienstes nahe!

Es galt jetzt, neben der laufenden Arbeit die Kollegen Falcke und Weiler so anzuleiten, dass sie allein arbeiten konnten. Das Glück war uns hold, denn Bruno Falcke war sehr helle, und Werner Weiler kapierte auch gut und schnell. Sonst wäre er wohl auch nicht Hauptbrandmeister der Freiwilligen Feuerwehr gewesen! Erster Mann im Außendienst wurde Karl Gerster, auch ein Glücksgriff!

Drei Diktiergeräte teilte man uns zu. Zuerst waren wir skeptisch, aber später hatten wir auf diese Dinger nicht mehr verzichten mögen.

Mit der Gebietsreform trat eine kleine Funktionalreform in Kraft: Aufgaben des Regierungspräsidenten wurden nach unten verlagert, insbesondere die „Gewerbeuntersagung". Dieser Aufgabe nahm ich mich an!

Schon den ersten Fall hatte ich um ein Haar „versaut"! Es ging um einen Dachdecker ohne Meisterprüfung. Das durfte einfach nicht geduldet werden.

Außerdem führten Finanzamt und AOK, sowie die Berufsgenossenschaft Klage über nicht abgeführte Steuern und Beiträge. Also klarer Fall von „Unzuverlässigkeit"!

Der Bescheid über die Untersagung der Gewerbeausübung umfasste knapp 15 Seiten! Allein die Aufzählung der verletzten Bestimmungen und der Gesetze, die zur Untersagung befugten, nahm zwei Seiten in Anspruch.

Der „Rest" ging für die eingehende Begründung drauf. Die sofortige Vollziehung umging der Schlaumeier mit der Vorlage von Überweisungsbelegen und fertig beschriebenen Umschlägen, die er bei mir im Büro zuklebte und mit Marken versah.

Sogleich würde er diese absenden! Tat er nicht, hatte aber wieder etliche Tage an Ziet gewonnen. Kurzum: Als es zur Verhandlung vor dem Verwaltungsgericht kommen sollte, hatte ich die Handwerkskammer vergessen einzubinden! Verfahrensmangel!

Mit Verwunderung konnte ich zur Kenntnis nehmen, dass der „Bösewicht" inzwischen die Meisterprüfung erfolgreich abgelegt, sein Haus belastet und fast sämtliche Rückstände beglichen hatte.

Nie wieder nahm ich eine mühsam erstellte Untersagungsverfügung so schnell zurück! Auch die Kollegen lernten durch Fehler. Bei den periodischen Besprechungen der sieben Sachgebietsleiter stellte sich bald heraus, dass wir ganz gut dastanden.

Das Ziel der Gebietsreform schien erreicht zu sein. Haupt- und Personalamt, Steueramt, Kasse, Rechtsamt usw. der vereinnahmten Städte und Gemeinden wurden überflüssig. Viele Stellen konnten gestrichen werden.

Die Inhaber der Stellen übernahmen andere Aufgaben, bis durch „natürlichen Abgang" wieder Planstellen verfügbar wurden.

So schrumpfte die Gesamtbelegschaft langsam aber mit absoluter Sicherheit! Meine Stelle war jetzt überbewertet und erhielt im Stellenplan den „k.u.Vermerk", also den Vermerk: künftig umwandeln. Streng genommen hätte ich versetzt werden müssen, aber glücklicherweise war keine passende Stelle frei.

Etwas später bat mich der Leiter des Bezirksamtes Innenstadt, dort das Sachgebiet „Öffentliche Sicherheit und Ordnung" zu übernehmen. Das wäre vielleicht sogar ein „Sprungbrett" gewesen. Doch der Weg dorthin war lang (ich hatte 1966 in Dinslaken, der nördlich gelegenen Nachbarstadt gebaut), einen sicheren Parkplatz gab es nicht am Amt ... und außerdem fühlte ich mich krank.

Deshalb schlug ich mit gutem Gewissen Kurt Rotter vor und das habe ich nie bereuen müssen! Rotter war (und ist noch) ein kenntnisreicher und überaus fleißiger Mann, Vorbild für seine Mannschaft und darüber hinaus!

Die inzwischen veränderten wirtschaftlichen Verhältnisse brachten auch Mehrarbeit für die Ordnungsbehörden. Viele Arbeitslose suchten ihr Heil in der Selbständigkeit (Kneipen, Trinkhallen, Reisegewerbe) und scheiterten schnell wieder.

Auch alte Betriebe mussten das Handtuch werfen. Es gab tatsächlich etliche Gaststätten, die zwei- bis dreimal im Jahr den Inhaber wechselten. Immer mehr Gastarbeiter drängten sich in solche Betriebe, zum Teil ohne Erlaubnis oder als Strohmänner.

Meistens wurden deutsche Frauen vorgeschoben, und diese mussten später die Suppe auslöffeln: Widerrufsverfahren, Steuerschulden, Forderungen der Lieferanten.

Gut, dass ich meine zusätzlichen „Pöstchen" los war! Meine ganze Kraft forderte jetzt das Ordnungsamt. Den Kollegen ging es nicht besser. Urlaub oder Krankheit wurden für die anderen fast zur Katastrophe. Und trotzdem gibt es aus dieser Zeit eine Geschichte, die ich noch loswerden muss.

Unsere Räume lagen zur Rückseite des Rathauses. Direkt gegenüber standen ein paar Bäume (hochtrabend „Wäldchen" genannt).

Davor lag eine größere und gut gepflegte Rasenanlage mit Wegen und Banken. Die Anlage wurde gerne von den Bürgern aufgesucht, besonders von den Älteren.

Ein „Wermutstropfen" im wahrsten Sinne des Wortes aber waren die „Tippelbrüder und -Schwestern". Diese Wermutbrigade lungerte bei schönem Wetter in der Anlage und im Wäldchen herum. Sie pöbelten die Sparziergänger an, grölten obszöne Lieder und warfen die geleerten Flaschen auf die Wege.

Wir konnten diese Brigade zwar mit Hilfe der Polizei vertreiben ... aber einige Zeit später war die Versammlung wieder vollzählig!

Anzeige? - Wozu? - Das Bußgeld konnten die Schwestern und Brüder doch eh nicht zahlen! Werner Weiler, der „Feuerwehrhauptmann", hatte eine wunderschöne Idee. Er müsse mit seinen Leuten mal wieder eine Übung abhalten und bei dieser Gelegenheit könnte man auch den Rasen sprengen.

Gesagt, getan! Wer konnte denn ahnen, dass die Feuerwehrmänner mehrmals „stolperten" und die „Brigade" trafen?

Junge, gab das ein Geschrei! Leider ging das nur zweimal gut. Die Brigade beschwerte sich und drohte mit Schadensersatzklagen!

Wir konnten aber beobachten, dass sich die Brigadisten flugs aus dem Staub machten, wenn irgendwo ein Martinshorn erklang!

§ 60 NOMEN EST OMEN

Einer unserer besten „Kunden" war Johann Wilder. Ständig mussten wir ihm auf den Fersen sein: Feststellung von Arbeitgeber und Verdienst, Aufenthalt usw., denn der liebe Johann hieß nicht nur Wilder, sondern er war auch ein solcher. Es gab kaum einen Paragrafen des Strafgesetzbuches, gegen den er noch nicht verstoßen hatte. Staatsanwaltschaft, Gerichtskasse und Jugendamt jagten ihn unerbittlich.

Geboren war Johann in unserem Bezirk, im Jahre 1926. Warum das wichtig ist? Nun, es gab auch einen lieben Kollegen gleichen Namens und gleichen Geburtsjahres, also auch 1926 geboren; aber mit dem „Tunichtgut" weder verwandt noch verschwägert.

Dieser Kollege, Sachbearbeiter beim Jugendamt, begleitete hin und wieder Kindertransporte in Ferienlager.

An einem Samstag hatte er seine „Fracht" im Schwarzwald abgeliefert und machte sich frohgemut auf in sein Hotel, um so richtig schön auszuspannen.

Am nächsten Tag sollte er wieder zurückfahren. Also legte er sich nach einem guten Essen und etlichen Schoppen mit gutem Gewissen in sein Bett. Kaum war er eingeschlafen, donnerte es gegen seine Tür. „Aufmachen! Polizei!"

Verschlafen und noch leicht beduselt öffnete Wilder die Tür. Richtig wach wurde er erst, als er mit Handschellen („eisernes Abführmittel") gefesselt war. Johann hatte sich ordnungsgemäß ins Gästebuch eingetragen.

Die Polizei kontrollierte in dieser Nacht das Hotel und freute sich, einen guten Fang gemacht zu haben. Stimmten doch Namen und Geburtsjahr mit den Eintragungen im Fahndungsbuch und Haftbefehl überein. Geburtstag und Geburtsmonat lauteten zwar anders, aber das störte wohl niemanden, zumal unser Kollege seinen Personalausweis nicht bei sich hatte. Also schleppte man ihn ins Kittchen, ohne seinen Beteuerungen den geringsten Glauben zu schenken.

Die Behandlung bei der Polizei war nicht gerade zärtlich zu nennen, und aus der wohlverdienten Ruhe wurde nichts! Erst am Nachmittag des Sonntags konnte über Fernschreiben unsere Polizei die Angaben des Pechvogels bestätigen, hatte sie doch auch gerade den wirklich gesuchten Johann Wilder eingelocht.

Mit der dringenden Ermahnung, bei dem Namen niemals ohne Personalausweis aus dem Haus zu gehen, entließ man endlich den Kollegen.

Der aber führt seitdem nicht nur stets seinen Personalausweis bei sich, sondern auch noch ein besonders Schreiben unserer Kripo mit Bild und Fingerabdrücken!

§ 61 WIE ES ENDETE

Die viele Arbeit machte mir zunächst nichts aus, aber der Weg zum Aufzug und zur Toilette fiel mir immer schwerer. Gut gemeinte Ratschläge, mir einen Rollstuhl zuzulegen, wies ich empört zurück. Nie hatte ich mich als Behinderter gefühlt … und dann das? NIE!

Harri Jaenner ließ sich pensionieren. Das war schlimm! Noch schlimmer aber war, dass Herbert Dittman nach kurzem Krankenhausaufenthalt verstarb! Er, der mich viele Jahre dienstlich und auch privat begleitet hatte, fehlte mir an allen Ecken und Kanten.

Noch mehr Arbeit: Wieder zwei „Neue" einarbeiten. Der früher so fröhliche Umgangston wich. Nur ganz selten drang er noch mal durch.

Meine bis heute nicht ganz genau erkannte Krankheit verschlimmerte sich trotz Kur und Krankenhaus so sehr, dass ich kaum noch gehen konnte. Um es kurz zu machen:

Am 31.12.1981 endete meine aktive Dienstzeit. Vielleicht war alles ein bisschen zu viel gewesen: Voller Einsatz im Dienst, Nebentätigkeiten … und eine Familie hatte ich auch noch gegründet sowie das Haus gebaut.

Meiner Frau und meinen fünf Kindern habe ich oft erzählt, wie es begann und weiter ging. Im Keller unseres Hauses hatte ich Platz für eine kleine Werkstatt. Hier entstanden manch schöne Dinge … bis das auch nicht mehr ging.

Da sagte meine frühere Braut eines Tages: „Schreibe doch mal alles auf!" Und das tat ich. Sehr gerne sogar!

Viel nachgedacht habe ich nicht und so geschrieben, wie es mir gerade einfiel. Nur die zeitlichen Zusammenhänge habe ich beachtet, soweit das möglich war.

Ich war gerne Beamter und eigentlich bin ich es ja noch, wenn auch nur im Ruhestand. Hin und wieder ruft einer der „Alten" an oder kommt „mal eben vorbei", dann wird erzählt und verglichen.

Damals war ja alles viel schöner! Weißt Du noch…? War es damals wirklich schöner? Oder erscheint uns das in der Erinnerung nur so? Heute, mit EDV und Computer-Terminals ist doch alles so seelenlos geworden!

Ich aber glaube, dass es nur auf die Menschen selbst ankommt, dass auch bei der modernen Technik die Fröhlichkeit nicht zu kurz kommen muss und darf! Bestimmt gibt es auch jetzt Kolleginnen und Kollegen, die das Beste aus den Gegebenheiten machen!

Nur kennen wir die Gegebenheiten nicht und kommen so oft zu falschen Schlüssen.

MARTIN GARDEN

§ 62 DER ERSTE TAG

Nach be- und auch überstandenem Fachhochschulstudium, dass ich 1989 begann, war es so weit: Ich konnte als frischgebackener Stadtinspektor im September 1992 mein erstes eigenes Büro im Sozialamt im altehrwürdigen Rathaus zu Duisburg-Hamborn beziehen.

So weit war alles klar; man hatte sich im Vorfeld schon für „den Neuen" gekümmert und ich fand alles vor, was man zum hochmotivierten Dienstbeginn brauchte. Das Mobiliar war zwar uralt und es war auch nicht mehr genau nachzuvollziehen, wie die Sitzfläche meines Bürostuhles mal zu Beginn ausgesehen haben mag, bevor sie von diversen Generationen von Gesäßen in die jetzige Form gebracht worden war. Auch waren die Möbel eindeutig zu Anfang ihres Daseins in Form und Farbe nicht einheitlich gewesen, bis der Zahn der Zeit und jahrelange Sonneneinstrahlung das Gesamterscheinungsbild des Mobiliars zu „alt und vergilbt" zusammengeführt hatte.

Aber es war mein Büro und das konnte auch nicht der muffige Geruch von alten Möbeln, vergilbten Papier und teilweise zerschlissenen Linoleum – Bodenfliesen trüben. Na gut, zumindest nicht in den ersten Wochen.

Man hatte zumindest eine Grundausstattung an – teilweise sogar neuen – Büromaterialien für mich besorgt, was für jemanden, der in der Privatwirtschaft arbeitet, etwas völlig Normales sein mag - im öffentlichen Dienst ist das, wie ich mit der Zeit lernen durfte, die Maximalform eines „herzlichen Willkommens". Normal ist eher, dass man alles, was ein ehemaliger Kollege auf dem Schreibtisch an funktionstüchtigen Gegenständen, wie z.B. Locher oder Tacker, zurücklässt, gegen den eigenen, uralten und manchmal auch kaputten Gegenstand austauscht.

Prunkstück war ein bei „Stempel Blacha" eigens bestellter Namensstempel in der Schriftart „Courier". Unter die möglichst unleserliche Unterschrift gehämmert verlieh dieser Stempel jedem Schreiben als Zeichen amtlicher Autorität Gewicht und Würde.

Nie wieder in meiner nun fast 33-jährigen Amtszeit ist mir ein solches Kleinod zuteilgeworden.

Neben diesem Stempel verdient noch der „Casio LS-43" – Taschenrechner eine Erwähnung. Diesen Taschenrechner bekam ich damals auch mit meiner ersten Büroausstattung (nagelneu!) überreicht. Es darf an dieser Stelle lobend erwähnt werden, dass dieser Taschenrechner mich – wie auch der Namensstempel bis heute in meiner Karriere begleitet. Da dieser Taschenrechner ausschließlich mit Solarenergie läuft und zudem auch nach fast 33 Jahren immer noch einwandfrei funktioniert ist er für mich ein heißer Kandidat für jedweden Umweltpreis.

Doch zurück zu den Büromöbeln. Da gab es wie gesagt einen Schreibtisch (mit Utensilien, s.o.), einen Bürostuhl, der, wie gesagt, auch schon so manches Gesäß bis zur Pensionierung erduldet hatte. Dazu kam noch ein stählerner Aktenschrank, prall gefüllt mit Akten, die bearbeitet werden wollten, ein – welch Luxus – Garderobenschrank und ein Kühlschrank, der vermutlich meinem Vorgänger von dessen Vorgänger überlassen worden war.

Letzter Einrichtungsgegenstand war ein Waschbecken mit Wandkacheln und Spiegel. Das Waschbecken war für mich zunächst – wie wohl auch für den Leser dieser Zeilen - ein Kuriosum. Damals hatte ca. jedes dritte oder vierte Büro so eine liebevoll genannte „Nasszelle".

In dem Rathaus Baujahr 1904 gab es für Mitarbeiter keine Teeküchen wie heutzutage und ich war damals dankbar, dass ich mir mein Kaffeewasser morgens nicht von der Toilette holen musste. Diese Dankbarkeit währte jedoch nicht lange, denn mein Kollege von nebenan, der über keine „Nasszelle" verfügte, sorgte nach jedem Frühstück und nach jeder Mittagspause dafür, dass ich bereits mit Anfang zwanzig eine ziemlich klare Vorstellung davon bekam, wie umständlich die Reinigung eines Gebisses nach jeder Mahlzeit sein kann, wenn man dafür nur kaltes Wasser und seine Finger zur Verfügung hat…

Soweit zu meinem ersten Büro… doch halt – bisher habe ich ja nur die äußerliche Erscheinung meines Büros beschrieben. Bis dahin hatte ich noch keine Tür geöffnet! Und dahinter verbarg sich nochmal die eine oder andere Überraschung.

Ein erstes „Aha!"-Erlebnis hatte ich, als ich nach erstmaligem Betreten meines Büros meine Jacke in den Kleiderschrank hängen wollte (wenn man schon mal einen hat). Das war gar nicht so einfach, denn um meine Jacke da hineinzubekommen, musste ich zunächst einmal die ganzen leeren Veltins – Kästen herausnehmen, die den kompletten Raum des Kleiderschrankes einnahmen. Ich weiß nicht mehr, wie viele Kästen es waren, da es aber noch die alten „Steini" – Veltinsflaschen waren, deren Kisten deutlich flacher sind als zum Beispiel die von „Köpi", dürften es gut und gerne 10 (eher noch ein paar mehr) leere Kisten gewesen sein.

Gottseidank war auf der anderen Straßenseite vom Hintereingang des Rathauses ein Supermarkt, sodass ich die Kisten fast ungesehen nach 16:00 Uhr (als keine Bürger mehr im Haus waren) in drei oder vier Gängen zu Bargeld machen konnte. So mancher Kollege schaute verwundert aus seiner Bürotür, wo dieses gläserne „Lüngelüng!", das die Bierflaschen beim Transport durchs Treppenhaus machten, herkam.

Ob es Neugier oder Durst war, der sie nachschauen ließ, habe ich damals nicht gefragt; mir war es schon peinlich genug, die Bierkästen durchs Amt tragen zu müssen. Immerhin konnte ich durch die Aktion einen guten Teil der Kosten meiner Einstandsfeier wieder refinanzieren.

Danach war der Schreibtisch an der Reihe. Hier galt es, die zuvor erwähnten Utensilien in den Schreibtischschubladen zu verstauen. Doch bevor dies wiederum hygienisch vertretbar war, mussten zunächst die Schubladen komplett aus dem Schreibtisch entnommen und in der oben genannten Nasszelle gereinigt werden. Jüngeren Generationen von Silberfischen schickt es noch heute Schauer über den geschuppten Rücken, wenn die Älteren vom „Völkermord im September 1992" erzählen.

Diese Erfahrungen ließen mich zunächst zögern, ob ich den von meinem Vorgänger „geerbten" Kühlschrank überhaupt noch öffnen mochte.

Ob es dann schlichte Einsicht oder doch eher jugendlicher Forscherdrang war, der mich die Kühlschranktür öffnen ließ, weiß ich nicht mehr. Ich spürte jedoch eine stückweite Erleichterung, dass keine piepsigen Stimmen „Licht aus!" riefen, als ich den Kühlschrank öffnete, wie ich insgeheim schon befürchtet hatte. Immerhin war der Kühlschrank von innen gar nicht sooo eklig wie ich anfangs vermutete.

Gut, in der Innenseite der Tür lag eine gammelige Mettwurst, die sich nach genauerem Hinsehen als vertrocknete und geschrumpfte Banane entpuppte, und der Kühlschrank war wohl schon so lange nicht mehr abgetaut worden, dass das Eisfach einen einzigen massiven Eisblock bildete.

Nach ein paar Stunden des Abtauens fand ich schließlich ganz hinten im Eisfach noch eine unangetastete grüne Flasche „Fürst Bismarck" Doppelkorn und ich erinnere mich noch gerne daran, wie die dazu gerufenen Kollegen nach einem sofort initiierten Feldversuch zu dem Ergebnis kamen, dass dieser nach den Jahren im ewigen Eis jetzt die ideale Trinktemperatur hätte.

So endete mein erster Tag als Beamter der Stadt Duisburg. Und im Gegensatz zu meinen Kollegen, die aufgrund des späten „Feldversuches" laufen oder ein Taxi rufen mussten, fuhr ich um viele Eindrücke reicher in meinen ersten Feierabend…

§ 63 DER BRIEFUMSCHLAG

In den 90er Jahren kam es im ehemaligen Jugoslawien zu einem tragischen Bürgerkrieg, der viele Menschen, die keine Jugoslawen mehr, sondern plötzlich Serben, Kroaten, Mazedonier oder auch Albaner waren, in die Flucht trieb.

Bereits in den 70er Jahren kamen neben den türkischen oder italienischen „Gastarbeitern" auch viele Menschen aus dem ehemaligen Jugoslawien nach Deutschland, um für sich und ihre Kinder eine bessere Zukunft aufzubauen. Daher hatten viele dieser Flüchtlinge Verwandte in Deutschland bei denen sie unterkamen. Hier einmal angekommen, hatten diese Menschen, die ja teilweise nur noch das besaßen, was sie am Leibe trugen, einen Anspruch auf Sozialhilfe.

So auch Frau D. Frau D. sprach kein Deutsch, was ja völlig verständlich war, denn sie hatte ganz sicher nicht vorgehabt, sich nach Deutschland zu begeben und vom deutschen Sozialsystem zu profitieren.

Wie oben beschrieben hatte Frau D. Verwandte in Deutschland von denen viele, vor allem die jugendlichen Kinder, sehr gut Deutsch sprachen. Daher wurde Frau D. auf ihren Gängen „zum Amt" auch regelmäßig von eine/r, meist 14 bis 16-jährigen, Dolmetscher/in begleitet. Wenn auch menschlich tragisch, so war der Fall von Frau D. dadurch bis dahin völlig unproblematisch.

Nach einigen Monaten kam Frau D. dann aber zum ersten Mal allein zum Sprechtag. Warum sie diesmal keine/n Dolmetscher/in begleitete, war mir zunächst nicht klar. Da sie mir aber nach einem freundlichen „Gutte Tack" wortlos einen Antrag auf diverse Kleidungsstücke überreichte, nehme ich an, dass die Verwandten wohl der Meinung waren, diesen Zettel könne sie „beim Amt" auch ohne Dolmetscher abgeben.

Ich nickte Frau D. zu und sagte „Alles klar, ich mache das fertig und sie bekommen einen Bescheid!". Dem verständnislosen Blick entnahm ich, dass sie keine Ahnung hatte, was ich soeben gesagt hatte. Ich versuchte es zunächst mit einer einfacheren Wortwahl. Aber auf mein „Sie bekommen einen Brief von mir!" erntete ich nur Schulterzucken.

Also Zeichensprache. Ich deutete auf mich, machte anschließend eine Geste in die Luft, die „schreiben" darstellen sollte und deutete im Anschluss auf Frau D. Wieder Schulterzucken.

In einem letzten Versuch nahm ich einen leeren Briefumschlag aus meiner Schreibtisch-Schublade, deutete auf mich, tippte auf den Briefumschlag und deutete wiederum auf Frau D. Das Licht des Verständnisses leuchtete in ihrem Gesicht auf und mit einem „Ah! Viele Danke!" verließ sie das Büro…und brachte mir eine gefühlte halbe Stunde später ein Paket mit Briefumschlägen.

Ich war und bin dafür bekannt, Bürgern gegenüber mit einem Pokerface aufzutreten und mir insbesondere bei Streitgesprächen nichts anmerken zu lassen, hier war es aber in Sekunden um mich geschehen; ich prustete los und musste einfach lachen. Das wiederum erboste Frau D. sehr und sie verließ umgehend mein Büro.

Am nächsten Sprechtag kam Frau D. dann mit einem erwachsenen Mann als Dolmetscher, den ich noch nie gesehen hatte. Dieser baute sich vor mir auf und fragte mich mit drohendem Unterton, warum ich mich über Frau D. lustig gemacht hätte.

Ich ließ ihn zunächst gegenüber Frau D. übersetzen, dass es mir leidtäte, und erklärte dem Dolmetscher dann, was sich tags zuvor abgespielt hatte.

Nachdem der Dolmetscher wieder Luft bekam und sich mehrere Male die Lachtränen aus den Augen gewischt hatte nahm er Frau D. am Arm und führte die völlig verwirrte Frau mit einem Kopfschütteln und einem an mich gerichteten „Schönen Tag noch!" aus dem Büro.

§ 64 DER VIELLEICHT DÜMMSTE MENSCH DER WELT

Die Leute kommen mit allen ihren finanziellen Sorgen und Nöten zum Sozialamt.

Da gab es die liebe Omi, der es peinlich war, wenn sie vorbeikommen musste und es gab diese Sorte von Mitbürgern, die es für ihr verdammtes Recht hielten, nicht arbeiten gehen zu müssen, dafür aber einen Anspruch auf staatliche Hilfe zu haben. Zwischen diesen beiden Extremen gab es jede Art von Zwischen- und Grautönen.

Wie bei allen anderen Menschen auch hatte ich in meinem Kundenstamm nette und weniger nette Menschen.

Mit den ersteren hielt man damals sogar noch hin und wieder ein kurzes Schwätzchen, wenn das behördliche erledigt war, mit der zweiten Sorte gab es damals in Marxloh nicht selten Stress.

Dabei waren die, die sich in einer Tour bei den Vorgesetzten über einen beschwerten, noch die angenehmere Variante; nicht selten erwuchs aus einem Streitgespräch eine bedrohliche Situation und nur aufgrund der Tatsache, dass bei uns alle Büros mit Zwischentüren verbunden waren und man sofort mitbekam, wenn es im Nachbarbüro Ärger gab, konnten wir regelmäßig Überzahlsituationen schaffen, die Schlimmeres meist verhindern konnten.

Um die nächste Geschichte verstehen zu können, muss man wissen, dass (damals wie heute) in der Sozialhilfe der Bedarf an Strom pauschal in der Regelleistung enthalten ist und man im Falle einer Nachzahlungsforderung der Stadtwerke diese nicht vom Amt übernommen wird (im Gegensatz zu Heiz- und Betriebskostennachzahlungen).

Es kamen jedoch immer wieder mal Bürger mit der Abrechnung der Stadtwerke vorbei und beantragten die Übernahme der Nachforderung.

In aller Regel reichte es, wenn man den Leuten erklärte, dass auf eine solche Übernahme kein gesetzlicher Anspruch bestand. Manche bestanden darauf, den Antrag zu stellen. Das kann man nicht verwehren; dann gibt es eben einen Ablehnungsbescheid, gegen den man im Zweifel (zwecklos) Widerspruch und Klage einreichen kann.

An einen Tag kam mal wieder jemand mit einer offenen Stadtwerkeabrechnung und begehrte die Übernahme der Forderung. Aber diese Person war weder mit meiner Erklärung noch der Information, dass man ja einen schriftlichen Antrag stellen und gegen den Ablehnungsbescheid rechtlich vorgehen könne, zufrieden zu stellen. Diese Person verlangte eine sofortige Auszahlung „ihres" Geldes. Auf meinen wiederholten Hinweis, dass es keinen rechtlichen Anspruch auf die begehrte Leistung gibt, fing die Person an mit der Abrechnung in der Hand nur ein paar Zentimeter vor meinem Gesicht herumzuwedeln und mehrfach zu rufen „Wo steht das?".

Um „Waffengleichheit" herzustellen, griff ich darauf zum Gesetzestext des (damals gültigen) Bundessozialhilfegesetzes in Din-A-5-Heftform und wedelte damit meinerseits vor seinem Gesicht herum und sagte genervt „Hier - hier steht das drin!"

Zu meiner Überraschung schien er sich damit auf einmal zufrieden zu geben, denn er verließ (vermutlich) unfreundliches murmelnd endlich das Büro.

Einige Zeit später erhielt ich einen Anruf vom Büro der Amtsleitung mit der Bitte, möglichst sofort vorbeizuschauen. Dort angekommen fand ich besagten Antragssteller vor dem Schreibtisch des Amtsleiters sitzend vor.

Der Amtsleiter begrüßte mich mit den Worten „Herr Garden, dieser Bürger möchte sich über sie beschweren, da sie ihn belogen hätten!" und (an den Bürger gewandt) „Bitte erklären Sie, auf welche Weise Herr Garden sie belogen haben soll!"

Daraufhin gab der Bürger eine recht akkurate Zusammenfassung unseres Gespräches wieder und endete damit, dass ich mit dem besagten Din-A-5-Heft vor seinem Gesicht gewedelt hätte.

„Und wo ist jetzt die Lüge?" fragte daraufhin der Amtsleiter, worauf der Bürger antwortete: „Verstehen sie nicht? Der Herr Garden hat behauptet, meine Stromrechnung wäre in so `nem kleinen Heft. Das kann aber doch gar nicht sein, denn ich habe die Abrechnung selber erst gestern bekommen!".

Es folgte ein Moment der Stille, nach dem der Amtsleiter dem Bürger versicherte, dass es jetzt besser wäre zu gehen. Nachdem dieser tatsächlich gegangen war, folgte ein weiterer Moment der Stille, die der Amtsleiter schließlich mit dem Satz unterbrach „Herr Garden, ich glaube, das war vielleicht der dümmste Mensch der Welt…!"

§ 65 EIN SCHLÜSSELMOMENT

An den sogenannten „Publikumstagen" öffnete das Sozialamt für die Bürger um acht Uhr morgens.

An diesen Tagen kamen viele Mitarbeiter schon etwas früher ins Büro um vor „dem Ansturm" erst noch in Ruhe eine Tasse Kaffee zu trinken und/oder in ein Butterbrot zu beißen. Aber auch – insbesondere im Sommer – kamen einige Bürger manchmal deutlich vor acht Uhr ins Amt, damit sie möglichst als erste drankamen und dann den Rest des Tages tun und lassen konnten, was sie wollten.

An einem solchen Morgen, es mag halb acht Uhr gewesen sein, lief ich über den Büroflur zu meinem Büro. Auf dem Flur saß auf halbem Weg bereits ein mir unbekannter Bürger.

Nun muss man vielleicht den Bürger insoweit entschuldigen, als dass ich nicht unbedingt als „Amtsperson" zu erkennen bin, bei der man u.a. bestimmt keine Langhaarfrisur (Pferdeschwanz) erwartet.

Auf jeden Fall glaubte der Bürger wohl, einen „Kollegen" vor sich zu haben, denn als ich die Klinke der Bürotür anfasste, meinte er: „Die ham noch zu!". Ich hielt inne und antwortete geistesgegenwärtig: „Ich weiß, aber ich hab' `nen Schlüssel!". Die Augen des Bürgers weiteten sich. „Wo hasse DEN denn her?" „Och, den hab ich hier vor einiger Zeit bekommen!", antwortete ich vergnügt.

Mit der Antwort hatte er nicht gerechnet; denn er kuppelte buchstäblich für einen Moment gedanklich aus und hatte sichtlich Schwierigkeiten, in einen neuen Gedankengang zu schalten. Er hatte eindeutig neue Fragen. Die erste war schließlich: „Ja wie jetzt? Wat machst Du denn dann da drin?" Ich antwortete: „Im Allgemeinen setze ich zuerst Kaffee auf und fange dann auch irgendwann an zu arbeiten!"

Man sah förmlich, wie die Punktrichter in seinen Augen widerstrebend eine „10" in die Höhe hielten und er meinte noch: „Ach so… ja nee... nee, dann nicht…!"

An dem Tag hatte ich durchgehend gute Laune.

§ 66 EIN FESSELNDER FALL

Heutzutage datenschutzrechtlich undenkbar, war es in den 90er Jahren völlig normal, dass die Polizei sich bei uns erkundigte, ob eine Person im Sozialamt im Leistungsbezug stünde, wenn diese Person gesucht wurde.

Wenn dies zutraf, war es üblich, dass man diese Person „in einer leistungsrechtlichen Angelegenheit" zu einem Gesprächstermin ins Sozialamt einlud. Zu diesem Termin wartete die Polizei dann im Nebenbüro, und schnappte zu, wenn derjenige erschien.

Oft waren es geringfügige Delikte, wie nicht bezahlte Geldstrafen etc. weswegen die Bürger gesucht wurden. Dann gingen die Polizisten in Ruhe mit dem Bürger auf die Wache und die Sache war erledigt. Einmal jedoch erschien die Polizei zu viert statt wie normal zu zweit und es war an den ernsten Mienen klar erkennbar, dass der eingeladene Bürger sich offensichtlich keines Kavalierdeliktes schuldig gemacht hatte.

Als besagter Bürger dann mein Büro betrat, stellten sich zwei Polizisten in die offene Verbindungstür zum Nachbarbüro, während die anderen Beiden über die Flurtür eintraten, so dass kein Ausweg offenstand. Innerhalb von Sekunden klickten die Handschellen und man führte den Mann raus.

In der Tür drehte der Verhaftete sich zu mir um und ich dachte, dass er jetzt Rache schwören oder mich sonst wie verbal bedrohen würde. Stattdessen fragte er mich höflich, ob er dann morgen in der „leistungsrechtlichen Angelegenheit" noch einmal vorsprechen dürfe.

Einer der Polizisten schmunzelte und meinte unter dem Gelächter der übrigen Polizisten zu mir: „Rechnen sie nicht mit ihm…"

Tatsächlich konnte ich den Fall des Mannes kurz darauf wegen Antrittes einer mehrjährigen Haftstrafe einstellen und habe ihn tatsächlich nie wiedergesehen.

§ 67 EINE UNUNTERBROCHENE VERBINDUNG

Mittlerweile im Sozialamt Bochum tätig, waren auch dort die Büros alle durch Zwischentüren miteinander verbunden. Man konnte insoweit einen Büroflur auch – von der Öffentlichkeit verborgen - „innen" entlanggehen, was man in aller Regel auch tat, wenn man jemandem sprechen wollte, der am anderen Ende des Flures sein Büro hatte. Das hatte auch den Vorteil, dass man mit dem einen oder anderen Kollegen, dessen Büro man eigentlich nur passieren wollte, noch ein Schwätzchen halten konnte.

In einer solchen Situation passierte ich einmal das Büro einer Kollegin. Beim Durchgehen fiel mir etwas Ungewöhnliches auf ihrem Schreibtisch auf: Die Kollegin hatte den Hörer vom Telefon genommen und ihren Locher so auf die Telefonbasis gelegt, dass dieser die Gabel unten hielt. Auf meine Frage, was das denn darstellen sollte („Ist das Kunst?"), erklärte sie: „Ich habe gerade Stress und will nicht angerufen werden!".

Ich erklärte ihr, dass, wenn die Gabel durch den Locher heruntergedrückt wird, das Telefon nach wie vor klingeln würde, wenn sie jemand anrufen würde. Schließlich weiß so ein Telefon doch gar nicht, ob der Hörer oder irgendetwas anderes die Gabel unten hält. Mit einem Schmunzeln ging ich weiter zu dem Büro, zu dem ich eigentlich unterwegs war.

Auf dem Rückweg passierte ich das Büro wieder und musste feststellen, dass die Kollegin nicht etwa den Locher wieder von der Gabel genommen hatte, sondern stattdessen nun zusätzlich das Kabel aus dem danebenliegenden Hörer gezogen hatte. Da der Locher nach wie vor die Gabel unten hielt, vermutete ich, dass der Apparat vermutlich nach wie vor erreichbar sei, worauf die Kollegin mit einem resoluten „Nein!" antwortete. Es folgte das beliebte „Nein – Doch!" – Spiel, das die Kollegin zu beenden versuchte, in dem sie mir den (kabellosen) Hörer hinhielt und meinte: „Hier! Hör' doch mal!"

Berichten von Kollegen aus anderen Stockwerken zufolge konnte man mein Lachen dort noch hören.

§ 68 DAS HERZ AM FALSCHEN FLECK

Wie schon früher geschildert, kam es gelegentlich zu bedrohlichen Situationen, die in gottseidank sehr seltenen Fällen wirklich eskalierten.

Eines Mittags kamen wir mit mehreren Kollegen gleichzeitig aus der Mittagspause zurück und als wir im Begriff waren das Gebäude zu betreten, verließ ein Bürger fluchtartig das Gebäude. In diesem Moment öffnete sich in einer oberen Etage ein Fenster und eine Kollegin rief: „Haltet den Mann auf, er hat eine Kollegin geschlagen!".

Unser Abteilungsleiter, der zufällig auch gerade vor dem Gebäude auftauchte, zog als ehemaliger Fußballer dem Mann von hinten gekonnt die Beine weg.

Ein weiterer Kollege und ich reagierten geistesgegenwärtig und knieten uns mit unserem ganzen Gewicht, und das waren jeweils gut 100 Kilo, auf ihn. Als er einsah, dass er aus der Situation nicht mehr rauskam (es standen mittlerweile noch drei, vier Kollegen um uns rum) fing er an wie Gollum aus „Herr der Ringe" zu wimmern und rief immer wieder, dass er einen Herzanfall hätte und man ihn gefälligst loslassen solle.

Daraufhin ließen wir von ihm ab und warteten das Eintreffen von Polizei und Rettungswagen ab, die jemand schon gerufen hatte. Da wir unmissverständlich machten, dass wir bei jedem Versuch zu fliehen, wieder zupacken würden, entschied er sich, sich auf den Rücken zu legen und mit einer Hand die Brust zu halten und über Herzbeschwerden zu klagen.

Die innerhalb von Minuten eingetroffenen Sanitäter schienen bereits über Funk über die Situation informiert zu sein, denn einer von beiden lachte schon, als er noch Meter entfernt war und rief: „Bei Herz tut es weiter oben in der Brust weh! Da wo sie Ihre Hand halten, wäre es Sodbrennen!". Der Mann setzte sich darauf tatsächlich hin und war völlig geheilt. Völlig, nun wohl doch nicht, denn gegenüber der Polizei machte er dann einen Blackout geltend. Er könne sich nicht erinnern, wie er von seiner Wohnung hier her gekommen sei…

§ 69 DIE GESCHEITERTE RENOVIERUNG

Es gibt in Behörden Vorgänge, die zur täglichen Routine gehören und dann wieder solche, die eher selten vorkommen. Ein ganz seltener Vertreter dieser Art war und ist, wenn die Büros renoviert werden, was ich in meiner gesamten Laufbahn vielleicht zwei oder drei Mal miterlebt habe.

Dann kommen eifrige Kollegen von den zentralen Diensten und fügen den Bürowänden eine weitere Schicht Eierschalenweiß hinzu oder legten in einem Falle sogar Teppichfliesen auf das vorhandene Linoleum.

Die Teppichfliesen wurden übrigens eigens dafür verlegt, als Mitte der 90er Jahre erstmalig Computer im Sozialamt eingeführt wurden. Dieser Teppich war angeblich mit Metallfäden durchwebt und geerdet, so dass die empfindlichen Computer nicht durch schädliche statische Elektrik beschädigt werden konnten. Tatsächlich bekamen wir aber erst, nachdem dieser Teppich lag, sei es an Türklinken oder den Aktenschränken aus Metall, jedes Mal eine gefunkt.

Als unsere Büros einmal wieder frisch gestrichen worden waren, fiel mir auf, dass bei einem Kollegen im Nebenbüro die Wand hinter seinem Schreibtisch schon nach wenigen Tagen wieder total vermackt war. Den Streifen und Flecken zufolge hatte er – wie üblich – mit seinem Bürostuhl „gekippelt" und mit der Stuhllehne schon wieder ordentlich Macken und Streifen in die frische Farbe gerissen.

Das war nicht nur mir, sondern auch der Kollegin, mit der er das Büro teilte, aufgefallen.

Daraufhin setzte ich mich an den Computer und setzte ein Schreiben mit behördlichem Briefkopf im Namen eines „Herrn Reiniger – Hausinspektion" auf, nach dem die Schäden dort bei einer Ortsbegehung aufgefallen seien und da diese eindeutig von dem Bürostuhl des Kollegen stammten, möge er sich bitte unter der genannten Telefonnummer melden, damit man über eine Schadensregulierung reden könne. Wenn er eine private Haftpflichtversicherung hätte, möge er diese kontaktieren.

Die Telefonnummer war natürlich erfunden und der Kollege konnte dort folglich niemanden erreichen. Da er aber sichtlich schuldbewusst war (wie die eingeweihte Kollegin später erzählte), wollte er schließlich bei der Amtsleitung anrufen.

Da musste die Kollegin natürlich eingreifen und hat ihn eingeweiht.

Was ich nicht bedacht hatte, war, dass der besagte Kollege der Sohn eines Abteilungsleiters im Hause war, und er hat sich natürlich sofort bei Papa beschwert. So bekam ich bald Besuch von dem Abteilungsleiter. Aber statt mich zu tadeln lobte er den gelungenen Streich überschwänglich. Sein Sohn würde überall achtlos mit Gegenständen umgehen und er fand es herrlich, wie ich ihn drangekriegt hätte.

Bleibt nur noch zu erwähnen, dass der Kollege mir nach einer angemessenen Frist des Schmollens letztendlich verziehen hat.

§ 70 MEIN SCHLIMMSTER FALL

Wenn ich die ganzen Anekdoten hier noch einmal so Revue passieren lasse, könnte der Leser den Eindruck erhalten, beim Sozialamt (und später Jobcenter) wäre nicht mit dem gebotenen Ernst gearbeitet worden. Dies ist natürlich nicht der Fall. Diese Sammlung erstreckt sich auf einen Zeitraum von über dreißig Jahren.

Die Natur hat es eingerichtet, dass der Mensch sich in der Nachbetrachtung meist nur an die schönen, lustigen und kuriosen Momente erinnert und den Rest auf den Misthaufen der Geschichte verdrängt. Gut gemacht, liebe Natur!

Nach einigen Jahren im Sozialamt hatte man, was menschliche Schicksale angeht, langsam, aber sicher eine Art Hornhaut auf der Seele. Das soll nicht bedeuten, dass man unsensibel wurde, aber man nahm diese Geschichten nicht mehr im Kopf mit nach Hause.

Da war der krebskranke Kioskbetreiber, der viel lieber wieder in seinem Kiosk für einen Hungerlohn arbeiten würde, als staatliche Almosen anzunehmen, da waren die oben beschriebenen Kriegsflüchtlinge, deren Verwandte manchmal alle umgekommen waren usw.

Manchmal gibt es aber so Momente, die Dich auch nach vielen Jahren nicht loslassen und bei Gelegenheit hochkommen. Das hier ist so ein Moment.

Ich hatte bereits seit einiger Zeit den Fall einer getrenntlebenden Ehefrau, die von ihrem Ehemann keinerlei Unterhalt bekam, obwohl er ihr zustand.

Der Ehemann war ein stadtweit bekannter, angesehener Rechtsanwalt, der es besonders geschickt verstand, erforderliche Unterlagen nicht herauszugeben und einen rechtlichen Winkelzug nach dem anderen versuchte. Die brachten zwar alle keinen Erfolg, verlangsamten das Verfahren aber deutlich.

Unter anderem setzte er seine getrenntlebende Ehefrau unter Druck, dass er ihren Kontakt zum gemeinsamen, sechzehnjährigen Sohn, dessen Sorgerecht ihm zugesprochen worden war, komplett unterbinden würde, wenn die Behörden ihn nicht in Ruhe ließen.

Natürlich konnten wir uns dem nicht beugen und forderten von ihm weiterhin, u.a. mit der Androhung von Zwangsmaßnahmen, die unterhaltsrelevanten Unterlagen an.

Irgendwann war es dann tatsächlich so weit, dass Unterhalt festgesetzt wurde, den der Ehemann aber nicht zahlte.

Wie mir die Frau mitteilte, hatte ihr Mann die Drohung wahrgemacht und unter irgendwelchen erfundenen Umständen beim Vormundschaftsgericht ein Kontaktverbot der Mutter zum Sohn erwirkt.

Eines Tages bat die Frau um einen Termin außerhalb der Sprechzeiten. Das war möglich, wenn ein Vorgang einen erhöhten Zeitaufwand hatte und dieser nicht in der gebotenen Zeit besprochen werden konnte, wenn auf dem Flur weitere Bürger warteten, um ihre Angelegenheiten zu regeln.

Die Frau erschien, ganz in schwarz gekleidet und eine Sonnenbrille tragend und reichte mir wortlos weinend ein Schriftstück ihres getrenntlebenden Ehemannes. Da dies alles nichts Gutes bedeuten konnte, stellte ich erst einmal keine Fragen und begann das Schreiben Ihres Mannes zu lesen.

Dort stand kurz und knapp mit Briefkopf der Anwaltskanzlei:

```
Hallo (Name),

ich bitte Dich, den auf Dich
entfallenden 50%igen Anteil der
beiliegenden Rechnung bis zum
(Datum) zu begleichen.


Mit freundlichen Grüßen


Unterschrift
```

In der Anlage befand sich die Rechnung über die Bestattung des gemeinsamen Sohnes, der, wie ich später erfuhr, Selbstmord begangen hatte.

Die mir gegenübersitzende Mutter hatte vom Tod Ihres Sohnes erst durch dieses Schreiben erfahren.

Was macht man in so einer Situation? Keine Schulung bereitet Dich auf so etwas vor. Man stottert sein Beileid und fragt, ob man irgendetwas tun kann… Standardphrasen halt…

Die Frau ist kurz danach in eine andere Stadt gezogen, so dass ich nicht weiß, was aus ihr wurde.

CHRISTIAN GARDEN

§ 71 DER NÄCHSTE IM BUNDE

Als jüngster Sohn der Familie habe ich am 01.08.1990 meine Ausbildung bei der Stadt Duisburg begonnen.

Vorausschickend möchte ich erwähne, wie vielfältig die Jobs in einer großen Stadtverwaltung tatsächlich sind. Wenn ich mich allein an meine Laufbahn erinnere, dann habe ich in der Zeit von 1990 bis 2023 viermal meine Stelle gewechselt und zwei weitere Ausbildungen bzw. Qualifizierungen gemacht und das bei ein und demselben Arbeitgeber. Wo kann man das sonst?

Begonnen haben ich nach meiner Ausbildung beim damaligen Kassen- und Steueramt als Buchhalter in der Personenkontenbuchhaltung. Von dort bin ich zum Wohnungsamt im Duisburger Norden im Bezirksamt Hamborn gewechselt, um u.a. Wohnberechtigungsscheine auszustellen und Wohnungen zu vermitteln.

Nach meinem Studium an der Fachhochschule für öffentliche Verwaltung in Duisburg bin ich zur Ausländerbehörde gewechselt und war dort für die Ergreifung und Abschiebung sich illegal im Bundesgebiet aufhaltender Personen zuständig.

Nach der Geburt meiner Söhne und einer Babypause bin ich dann ins Standesamt Hamborn gewechselt. Wieder ein paar Jahre später hatte es mich dann zum „Einkauf und Service Duisburg – ESD" verschlagen, einer Gesellschaft der Stadt, die aber nicht direkt in die Verwaltung integriert war. Nicht jedem wird der Begriff der „eigenbetriebsähnlichen Einrichtung" etwas sagen. Kurz gesagt: wir waren Mitarbeiter der Stadt, außerhalb der Stadtverwaltung.

Nach Auflösung des ESD wurden wir wieder Teil des Hauptamtes, heute Amt für Innovation und Zentrale Dienste.

Hier konnte ich zunächst an einem Qualifizierungslehrgang für den höheren Dienst teilnehmen und erhielt dann kurz hintereinander die Chance, zunächst die Leitung des Sachgebietes und später gar die Leitung der Abteilung zu übernehmen.

Als Abteilungsleiter und stellvertretender Amtsleiter habe ich mehr erreicht, als ich mir 1990 jemals erträumt habe. Damals war mein Ziel möglichst im Endamt des mittleren Dienstes in Pension gehen zu dürfen.

Aber wieder zurück zum Anfang. Zu fast jeder der Stationen meines Berufslebens gibt es lustige oder zumindest erzählenswerte Vorkommnisse, von denen ich einige hier auch zum Besten geben möchte.

§ 72 NIEDERRHEINISCHES STUDIENINSTITUT

Wie erwähnt, begann mein Werdegang 1990 mit der Ausbildung zum Stadtassistenten-Anwärter. Hier lernte ich manche Weggefährten kennen, die mich auch heute noch begleiten.

Eine dieser Weggefährten ist meine beste Freundin geworden, Claudia. Wir saßen ab dem ersten Tag unserer Ausbildung immer nebeneinander. Sie war schon ein „alter Hase", nicht nur weil sie ein paar Jährchen älter als ich ist, sondern auch weil sie schon die Ausbildung zur Schreibkraft bei der Stadt absolviert hatte. Sie wollte aber nicht ihr Leben lang „nur" Schreibkraft bleiben.

Ich meine das „nur" nicht respektierlich, aber es war damals schon absehbar, dass der Beruf der Schreibkraft keine Zukunft mehr hatte. Computer und Datenverarbeitung machten die Schreibkräfte nach und nach entbehrlich. Claudia wollte eben einen sicheren und zukunftsträchtigen Job (und nebenbei mehr Geld).

Ich erinnere mich an einen Abend, wo sich unsere Lerngruppe in Claudias Wohnung am Innenhafen traf.

Da erklärte mir meine andere Sitznachbarin Pia: „Claudia findet dich toll, aber ihr werdet nie ein Paar. Du bist nicht ihr Typ. Aber ich glaube ihr werdet die besten Freunde". Damit sollte Sie recht behalten. Und Claudia war für mich eh „zu alt ;-)", sorry Claudia.

Auch wenn wir uns nach der Ausbildung immer wieder mal aus den Augen verloren und zeitweise jahrelang nicht gesprochen und gesehen haben, war es beim nächsten Treffen wieder so, als wenn wir uns erst gestern zuletzt gesehen hätten. Solche Freunde sind Gold wert!

Unsere Schule nannte sich „Niederrheinische Studieninstitut für öffentliche Verwaltung", heute ist es das „Studieninstitut Duisburg". Dieses befand sich damals in einem Seitentrakt dem kaufmännischen Berufskolleg direkt gegenüber dem Rathaus in der Innenstadt. Heute ist dort das „Mercator-Quartier" geplant bzw. im Bau und die alte Berufsschule schon lange abgerissen.

Im Studieninstitut wurde uns die Theorie vermittelt, die wir dann in den einzelnen Ausbildungsämtern anwenden sollten. Aus der Zeit am Studieninstitut fällt mir eine schöne Begebenheit ein, die mir beim Lesen des Berichtes meines Vaters zu *§ 55 Helle Jungs* wieder einfiel.

Während der Ausbildung hatte ich noch keinen Führerschein, sodass ich immer auf die öffentlichen Verkehrsmittel angewiesen war. Im zweiten Ausbildungsjahr kam ein Heiko in unsere Klasse, der in meiner Nähe wohnte. Kurzerhand bildeten wir eine Fahrgemeinschaft und von da an musste ich nicht bei Wind und Wetter im Regen auf den Bus warten.

Eines Morgens waren wir mal wieder „ein klein wenig" zu spät auf dem Weg zum Studieninstitut. Heiko gab also auch „ein klein wenig" mehr Gas als erlaubt, nicht viel…. Maximal 80 km/h in der Innenstadt.

Prompt sahen wir hinter uns die lustigen, blinkenden blauen Lichter der Kollegen in Grün (heute sind die ja alle blau, also die Uniformen) aufblinken. Der Wagen überholte uns und wir sahen den Beifahrer uns freundlich mit der Kelle zuwinken.

Die Polizisten stiegen aus und der jüngere der Beiden ging zur Fahrerseite.

Ziemlich schroff und bestimmt sagte er, „Guten Tag die Herren. Haben wir es etwas eilig? Führerschein und Zulassung." Heiko reichte ihm die Papiere.

„Sind Sie mit einer Verwarnung in Höhe von 50,- DM einverstanden?", fragte der Polizist. Wir nickten ehrfürchtig und ich kramte schon nach meiner Geldbörse, weil ich zumindest die Hälfte der Strafe zahlen wollte.

Da fiel der Blick des älteren Polizisten auf die Rücksitze von Heikos Auto. Dort lagen der „Pappermann", eine umfangreiche Gesetzessammlung und der „Dresbach", das Lehrbuch für öffentliches Haushaltsrecht in NRW.

„Sagt mal Jungs, was macht ihr beruflich?", fragte er mit wesentlich freundlicherem Ton. Ich erklärte ihm, dass wir Assistenten-Anwärter im zweiten Ausbildungsjahr bei der Stadtverwaltung Duisburg seien. In meiner Stimme schwang die Ehrfurcht vor einem Polizisten wieder.

Der ältere Polizist schaute uns beiden tief in die Augen und sagte dann: „Ach kommt Jungs, fahrt weiter. Wir belassen es mal bei einer mündlichen Verwarnung, ihr habt doch eh kein Geld. Aber langsamer fahren!"

Und tatsächlich, wir durften weiterfahren, ohne eine Verwarnung bezahlen zu müssen. Wir atmeten einmal kräftig durch und freuten uns, dass es so nette Kollegen bei der Polizei gab. Auch später habe ich immer wieder fast ausschließlich gute Erfahrungen mit der Polizei gemacht.

In vielen Situationen habe ich mit den Kollegen zusammenarbeiten dürfen und immer waren diese hilfsbereit und äußerst kollegial. Das ging aber auch von beiden Seiten aus, aber dazu später mehr.

§ 73 DER ERSTE AUSBILDUNGSEINSATZ

Mein erstes Ausbildungsamt war das Ordnungsamt im Rathaus Walsum. Dort traf ich direkt auf einige alte Weggefährten meines Vaters.

Er war in diesem Bereich bis 1981 Sachgebietsleiter, damals saßen die Kollegen aber noch im Rathaus Hamborn. Einige seiner alten Mitstreiter waren noch im Dienst.

1990 hatten wir in den meisten Teilen der Verwaltung noch keine Computer, sodass wir fast überall noch mit Karteikarten und Schreibmaschinen arbeiteten.

Es gab zwar schon Bereiche, die mit Datensichtgeräten der AS400 von IBM ausgestattet waren, wie etwa die für die Steuer- und Gebührenbescheide zuständige Stadtkasse, aber das war noch die Ausnahme.

Im Ordnungsamt selbst lebten man noch in der Zeit des Füllfederhalters, des Durchschlagpapiers und der handschriftlichen Vermerke. Zumindest die Schiefer- und Tontafeln waren auch hier nicht mehr „up to date".

Bescheide und Ordnungsverfügungen wurden meistens auf Tonband diktiert, wichtige Vermerke oder Anzeigen aber von den Mitarbeitern oft selbst mit Hand oder auf der Schreibmaschine geschrieben. Die wenigsten davon waren schon elektrisch, meist waren es noch mechanische Schreibmaschinen, die man heute im Museum bewundern kann.

Eine meiner ersten Aufgaben war es, die Rattenmeldungen aufzunehmen und für jede Meldung einen Auftrag an den Haus- und Hof-Kammerjäger zu schreiben. Dafür gab es gottlob sogenannte „Lagervordrucke" mit „selbstdurchschreibenden Seiten".

Man kann sich als Außenstehender kaum vorstellen, wie viele Rattenmeldungen an einem Tag so eingingen. Die höchste Anzahl an einem Tag lag bei etwas über 180 Meldungen und dass nur für den Duisburger Norden, also die Bezirke Walsum, Hamborn und Meiderich.

Ohne Computer und Internet gingen diese Meldungen natürlich nicht per Mail ein, sondern alles gingen per Telefon, seltener per Post ein.

Man kann sich vielleicht vorstellen, dass das Telefon in einer Tour geklingelt hat. Wohlgemerkt ein Telefon mit Kabel und Wählscheibe (bitte googlen, wer es nicht mehr kennt).

Ein Anrufer erklärte z.B., dass er heute Morgen beim Müll rausbringen von einer Rattenfamilie mit Onkeln, Tanten und Anverwandten in Augenhöhe auf dem Müllcontainer hockend freudig piepsend begrüßt wurde. Ob er freundlich zurück gegrüßt habe, habe ich aber lieber nicht gefragt.

Andere erzählten, wie ihnen die Ratten über die Füße gelaufen sind oder sie angesprungen wurden. Ich muss zugeben, dass es mich jedes Mal schauderte. Wilden Ratten möchte man nicht wirklich begegnen.

Ich hatte an diesen Tagen so viel zu tun, dass mir regelmäßig am Abend die Griffel vom Tippen weh taten. Wer schon einmal mit einer mechanischen Schreibmaschine geschrieben hat, weiß vielleicht noch, wie viel Kraft man aufwenden musste, damit der Buchstabe auch auf dem Papier und insbesondere auch auf dem Durchschlag (bei Rattenmeldungen waren es immerhin DREI Durchschläge) noch zu lesen war.

Auf jeden Fall habe ich vom ersten bis zum letzten Ausbildungstag diesen Bereich komplett allein gemeistert, da die Kollegin, die diese Aufgabe eigentlich bearbeitete, im Mutterschutz war.

Außer eines kurzen Anlernens hatte ich keine Unterstützung, dafür aber zweimal die Woche vormittags meine Ruhe, da die Kollegen dann alle auf dem Wochenmarkt „arbeiten" mussten. Hier hatte sich seit der Zeit meines Vaters wenig geändert. Viele kamen von der „Arbeit" mit vollen Einkaufstaschen wieder. Ich habe aber lieber nichts dazu gesagt, ich war ja gerade mal 19 Jahre alt und noch ein „Stift". So nannte man damals noch die Auszubildenden.

Eines Mittags ist mir dann aber doch der Kragen geplatzt, als ich aus der Mittagspause wiederkam. Auf meinem Schreibtisch stapelten sich die Aktenberge, während die Herren Kollegen sich im Büro des Sachgebietsleiters zu einer kleinen „feucht fröhlichen" Party versammelt hatten. Fahrtüchtig dürfte keiner der Kollegen mehr gewesen sein, trotz damaliger Promillegrenze von 0,8.

Meine Beschwerde darüber, dass die Kollegen mir einen Aktenberg auf meinem Schreibtisch hinterlassen hatten, während sie hier feierten, wurde „wohlwollend" zur Kenntnis genommen. Sie beteuerten, dass sie das dann alle morgen nacharbeiten würden.

Ich ging also beruhigt wieder an die Arbeit, denn als Stift war man nicht zum Mitfeiern eingeladen.

Am nächsten Tag fand ich dann einen über Nacht noch gewachsenen Aktenberg vor. Keiner der Herren hat auch nur eine Akte wieder abgeholt. Als Dank dafür, dass ich dann an meinem letzten Ausbildungstag einen blanken Schreibtisch (ich hatte alle Vorgänge abschließend bearbeitet) übergab, erhielt ich eine Beurteilung, die gerade so noch einem „befriedigend" entsprach.

Dies war das erste und einzige Ausbildungsamt, in dem ich mich schüchtern zurückgehalten habe. Ab da habe ich immer und sofort mein (zugegeben) manchmal zu großes Maul aufgemacht. Nett, aber bestimmt habe ich seither versucht, alles sofort zu klären. Schlechter als „gut" waren meine Beurteilungen danach nie wieder.

Enttäuscht insbesondere von den alten Kollegen meines Vaters so behandelt worden zu sein, verließ ich das Ordnungsamt in Walsum. Im Nachhinein ist mir heute klar, warum mein Vater eben diese Kollegen in seinem Manuskript nicht namentlich erwähnt hat.

Er wollte ja nur Geschichten mit netten Kollegen festhalten und die anderen einfach unter den Tisch fallen lassen. Offenbar waren es genau diese Kollegen, die damals dann noch in Walsum arbeiteten.

Vermutlich hat mich diese Zeit auch geprägt und ich hoffe ich habe seither nie einen Auszubildenden in dieser Form behandelt. Mir wäre zumindest kein Fall bekannt.

§ 74 DAS BESCHAFFUNGSAMT

Mein Vater erwähnte es bereits, es gab das Beschaffungsamt. Dies war dafür zuständig, die Materialien, die die Kollegen für ihre Arbeit benötigen, zu beschaffen. Ob es nun um Kugelschreiber, Papier, Locher, Schreibmaschinen, Werkzeuge oder ähnliches ging, hierfür was das Beschaffungsamt zuständig.

Die Kollegen strichen oder kürzten oft die angeforderte Dinge, die der Fachbereich „meinte" zu benötigen. Die Beschaffer sollten Geld sparen und für die sparsame Mittelverwendung sorgen, wie es in allen Gesetzen steht! Sie sollten darauf achten, dass wirklich nur das Notwendigste gekauft wird. Oft bestellten Fachbereiche das heute gern mit dem Anglizismus beschriebene „Nice to have".

Nun war es so, dass ich bei den Kollegen in der Ausbildung saß, die für die Beschaffung der Büromaterialen und -maschinen zuständig waren. Mein Ausbilder in diesem Bereich war der Kollege Dirk Liesen, damals knapp 30 Jahre alt. Der andere Kollege war, aufgrund seiner politischen Arbeit, selten anwesend.

Man sagt ja im Volksmund zurecht: Man sieht sich immer zweimal im Leben. Und genau so kam es. Ich greife jetzt zwar zeitlich vor, aber erlauben Sie mir diesen Blick „Zurück in die Zukunft".

2014: Ich war mittlerweile Mitarbeiter im Hauptamt der Stadt und Facheinkäufer im Zentraleinkauf, u.a. für die Beschaffung von Feuerwehrbedarfen zuständig. Wir saßen im Mercedes-Haus auf dem Sonnenwall in Duisburg, dass auch als Bezirksamt Mitte bekannt ist. Unsere Abteilungsleiterin teilte uns mit, dass wir einen neuen Mitarbeiter bekommen sollten. Herr Liesen sei früher schon mal Einkäufer gewesen und würde zu uns stoßen.

Meine erste Reaktion, die ich dann auch leider laut aussprach, war: „Ach, der lebt noch?" Als 19-jähriger Schnösel war mir der Kollege damals schon steinalt vorgekommen. Tatsächlich war er damals aber wie erwähnt nur knapp 30, für mich war das aber als Stift wie kurz vor der Pensionierung.

By the way: Der Kollege arbeitete bis in diesem Jahr in meiner Abteilung als Einkäufer, ging aber nun tatsächlich in Pension. An diese Stelle nochmal alles Gute mein lieber Dirk und dass Du die Pension noch lange genießen kannst!

Manchmal kommt es eben so, dass dein ehemalige Auszubildender plötzlich dein Chef wird.

Aber zurück in das Jahr 1991.

Ich saß mit den beiden Kollegen in einem Büro, ich glaube in der ersten Etage im Gebäude an der Memelstraße. Das alte Verwaltungsgebäude verfügte noch über einen Paternoster, im Volksmund auch als Beamtenbagger oder -heber bekannt. Für diejenigen die diese Aufzugsart gar nicht mehr kennen, versuche ich diesen einmal kurz zu erklären.

Der Name leitet sich vom Rosenkranz ab. Paternoster kommt aus dem Lateinischen und bedeutet „unser Vater". Die Kabinen sind bei diesem Aufzug wie Perlen eines Rosenkranzes aufgereiht und dabei immer in Bewegung und laufen parallel durch zwei Schächte.

Zuerst wurde diese Art der Aufzüge in Bergwerken, hier allerdings als Lastenaufzüge eingesetzt. Wer mehr darüber wissen möchte, bitte im Internet anschauen oder ins Rathaus Duisburg kommen. Dort fährt er heute noch und wird sehr gerne von den Kollegen genutzt.

Das Ein- und Aussteigen erfordert dabei ein bisschen Konzentration. Man muss tatsächlich aufpassen, da der Aufzug ja immer in Bewegung ist. Er hält nicht an, man muss in der Bewegung Ein- und Aussteigen.

Nun war eine meiner Aufgaben als Azubi, die Post aus dem Postzimmer ins Büro zu bringen. Das Postzimmer lag im Erdgeschoss, also nutzte ich meist den Paternoster, wenn ich etwas tragen musste.

Eines Tages hatte ich dann eine größere Menge Post, die ich kaum tragen konnte. Also stieg ich im Erdgeschoss in den Paternoster, um in der ersten Etage wieder auszusteigen. Leider war ich beim Aussteigen nicht sooooo achtsam, wie es notwendig gewesen wäre.

Zu meiner Entschuldigung: es war so viel Post, zumeist Kataloge verschiedener Firmen, dass ich sie von oben mit meinem Kinn abstützen musste. Dadurch konnte ich den Ausstieg aber nicht sehen und bin „nach Gefühl" ausgestiegen. Ich fuhr ja öfter mit dem Aufzug, ich wusste ja wann ich aussteigen musste. Dachte ich zumindest.

Tatsächlich war da der Aufzug wohl aber schon mehrere Zentimeter über der Fußbodenhöhe und ich strauchelte beim Aussteigen, fiel der Länge nach hin und verteilte die Post weitläufig im Flur und dem angrenzenden offenen Treppenhaus.

Das Aufsammeln der Post dauerte eine gefühlte Ewigkeit. Das Schlimmste waren aber die Sprüche der Kollegen, die vorbei liefen: „Da hast Du aber eine schöne Aufgabe", „Was spielst Du da, 200 heb auf?", „Haben Deine Eltern Dir nicht beigebracht, dass man nichts aufhebt, was auf dem Boden liegt?" usw.

Auf jeden Fall waren die Kollegen in den folgenden Wochen immer so „nett", mich mit einem Augenzwinkern zu fragen, ob sie mir nicht lieber helfen sollten, wenn Sie mich im Flur mit Post antrafen. Tja, wer den Schaden hat, äh, spottet jeder Beschreibung. Oder wie ging nochmal das Sprichwort?

§ 75 DIE ERSTE FESTE STELLE
– HEILIGABEND –

Wir schreiben das Jahr 1992. Nach Ende der Ausbildung habe ich meine erste Stelle beim Kassen- und Steueramt als Personenkontenbuchhalter angetreten. Die schon von meinem Vater beschriebene Verwaltung der Buchungsstellen war mein „Arbeitsplatz".

Im Sachgebiet waren wir dafür zuständig, mit den Bürgern ihre Konten bzw. Buchungsstellen zu klären. Neben der Konten für Grundsteuer, Straßenreinigung, Hundesteuer, Gewerbesteuer, Vergnügungssteuer gibt es eben auch solche für Bußgelder und vieles mehr.

An einem 24. Dezember kam ein Bürger kurz vor 12 Uhr zu mir ins Büro. Damals mussten wir noch Halbtags an Heiligabend und Silvester arbeiten. Der Bürger setzte sich also auf den Besucherstuhl. „Guten Tag. Ich möchte meine Rückstände klären, die sind mir unverständlich und ich will sofort wissen, wo diese herkommen", herrschte mich der ältere Herr dann recht unfreundlich an.

Ich wies ihn freundlich darauf hin, dass es 1 Minute vor 12 Uhr sei und damit kurz vor Dienstschluss. Das interessierte den Herrn aber nicht die Bohne. Er sei schließlich noch rechtzeitig vor 12 Uhr hier gewesen und erklärte mir, dass er erst im Stau gestanden habe, dann in dieser Gegend lange nach einem freien Parkplatz suchen musste und unten an der Tür fast nicht mehr eingelassen worden sei.

Gehen würde er erst, wenn wir seine Rückstände aufgeklärt hätten. Sein Konto weise laut Mahnung einen Rückstand von 37,50 DM auf (für die jüngeren Leser: die DM war die Deutsche Mark, eine Währung vor der Einführung des Euro im Jahr 2002), dabei habe er alles bezahlt. Er würde uns kein weiteres Geld in den Rachen werfen.

Ich wies ihn darauf hin, dass ich an diesem besondere Tag private Termine hätte, aber auch das schien ihn nicht zu besänftigen. Er war sehr aufgebracht wegen der Mahnung. Den sogenannte Weihnachtsfrieden, in dem den Bürgern belastende Bescheide und Mahnungen erst nach den Weihnachtsfeiertagen zugestellt werden, gab es damals noch nicht.

Der Herr bölkte mich an: „Junger Mann, Sie werden durch meine Steuern bezahlt. Für die 3.000,- DM die Sie bekommen, kann ich ja wohl erwarten, dass Sie sich jetzt sofort kümmern."

Ich erwiderte nichts, öffnete meine Schublade und reichte dem Mann meine letzte Gehaltsabrechnung von November. Er schaute mich verdutzt an, „Was soll ich damit?", fragte er.

„Sie halten meine Gehaltsabrechnung in Händen. Schauen Sie doch bitte einmal selbst nach", entgegnete ich. Er studierte die Abrechnung, fand mein Gehalt, gab mir schweigend die Abrechnung zurück und dachte kurz nach.

„Äh, ja also, äh, ich, äh, wünsche Ihnen frohe Feiertage. Ich, äh, melde mich dann, äh nach Weihnachten wieder bei Ihnen", stotterte er, stand auf und verließ mein Büro.

So konnte ich dann doch gegen 12:10 Uhr in den wohlverdienten Feierabend gehen und von einer Gehaltsabrechnung träumen, auf der vielleicht irgendwann einmal 3.000,- DM oder mehr stehen würde.

§ 76 HUNDESTEUER-MARKEN

Jedes Jahr werden den Hundehaltern die neuen Hundesteuer-Marken für ihre Hunde zusammen mit dem Hundesteuerbescheid per Post zugeschickt. Wir bekamen die Bescheide, Umschläge, Listen und Hundemarken separat übergeben, um diese dann zueinander zu sortieren.

Jedem Hund wurde eine fortlaufende Hundesteuermarken-Nummer zugewiesen und wir mussten natürlich die Markennummern dem richtigen Hundebesitzer zuordnen. Für jedes Jahr werden andere Farben, ähnlich der Steuerplakette auf Autos verwendet und die Markennummern änderten sich auch jedes Jahr. Durch die Farben war es für die Kollegen vom Außendienst schon von Weitem zu erkennen, ob der Hund eine gültige oder alte, abgelaufene Steuermarke am Halsband trägt.

Kaum waren diese Briefe verschickt, klingelten die Telefone. Die typischen Aussagen der Anrufer waren: „Hallo, sie haben mir die falsche Marke zugeschickt. Ich habe einen Dackel, hier ist aber ein Schäferhund abgebildet", oder „Die Marke ist ja lila, das steht meinem Hund überhaupt nicht. Können Sie nicht mal eine Befragung machen, bevor Sie die Farbe für dieses Jahr festlegen?".

Beliebt war auch „Sie haben mir die falsche Marke geschickt. Ich habe immer die 7511, auf der hier steht die falsche Nummer drauf.".

Auch die Höhe der Hundesteuer hat immer wieder zu „freundlichen" Anrufen geführt. Vom harmlosen „Sie spinnen ja wohl." und „Ich komm vorbei und klebe Ihnen einen Sprengsatz unter den Stuhl" bis hin zu „Mein Hund hat immer Hunger. Nächstes Mal hetze ich den auf sie" war so fast alles vertreten.

Da fühlte man sich manchmal schon richtig mies, denn die Steuern werden ja nicht vom kleinen Mitarbeiter, sondern von den Politikern im Rat der Stadt festgelegt. Wir mussten als Mitarbeiter nur diese Beschlüsse umsetzen.

Wenn aber dann Leute anriefen und mir erklärten, dass Sie meine Adresse in Duisburg schon rausfänden und mir die „Fresse" polieren würden, musste ich doch immer schmunzeln.

Ich habe noch nie in meinem Leben auch nur einen Tag in Duisburg gewohnt. Allerdings habe ich mir dann immer Sorgen um den Sohn eines entfernten Onkels gemacht. Der ist mein Namensvetter und lebte in Duisburg.

Die Zeit bei der Stadtkasse war eine schöne Zeit, insbesondere wegen der Kollegen. Aber eine Sache war äußerst merkwürdig und das habe ich auch in keinem anderen Amt jemals wieder erlebt. Wir haben uns unter den Sachbearbeitern geduzt, aber ab den stellvertretenden Sachgebietsleitungen aufwärts wurde sich (bis auf wenige Ausnahmen) gesiezt.

Außer beim jährlichen Sachgebietskegeln, da haben wir uns alle geduzt, um dann am nächsten Tag im Büro uns wieder zu siezen. Ich fand das schon damals mehr als befremdlich! Aber, so war das halt bei der „Kasse".

Dabei fallen mir noch zwei kleine Anekdoten ein, die aber keinen eigenen Paragrafen rechtfertigen würden.

Mit ein paar Kollegen hatten wir uns an einem Wochenende zum gemeinsamen Frühstück verabredet. Bevor ich mich auf den Weg machte, habe ich noch schnell bei Suzanna angerufen, um nachzufragen, wie viele Brötchen ich mitbringen soll. Außerdem wollte ich auch mitteilen, dass ich jetzt losfahren würde.

Offenbar hat Suzanna genau auf diesen Anruf gewartet und erklärte später, dass sie sich mit „Hallo Herr Garden" melden wollte. Tatsächlich nah sie den Hörer ab und meldete sich mit „Garden". Ich musste hezhaft lachen und entgegnete dann „Das war mir ja noch gar nicht bekannt meine Liebe, dass Du meinen Namen angenommen hast." Auch aus dem Hörer war nur Lachen zu hören.

Bei einer anderen Gelegenheit haben wir Suzanna einen Streich gespielt. Ein Kollege hatte ihre Kaffeetasse oben auf einem 2,30 Meter hohen Schrank gestellt. Suzanna, gefühlt etwas größer als ein Mainzelmännchen, kam natürlich selbst nicht an die Tasse. Unser Sachgebietsleiter, Herr Gründlich, etwas um die 185 groß, eilte Suzanna zur Hilfe. Er stellte sich vor den Schrank und griff nach der Tasse, erreichte aber nur den Henkel und kippte die Tasse beim Herunterheben.

Leider war die Tasse offenbar nicht leer gewesen, sodass sich ein schwall (Gott sei Dank nicht mehr heißem) Kaffee über ihm ergoss.

Er selbst schüttelte sich vor Lachen über sein Missgeschick und wir konnten uns auch nicht zurückhalten. Zu seinem Übel trug der Kollege oft und gerne weiße Hemden. An diesem Tag war es dann aber doch eher ein Kaffeebraunes.

§ 77 WOHNUNGSAMT HAMBORN

Meine nächste Station war dann 1997 das Wohnungsamt in Duisburg-Hamborn. Hier bekamen die Bürger ihren Wohnberechtigungsschein für den Bezug von Sozial-Wohnungen. Wir vermittelten auch einen Großteil der Wohnungen und Häuser des sozialen Wohnungsmarktes. Für Wohngeld waren wir allerdings nicht zuständig, das wurde in einem anderen Sachgebiet bearbeitet.

Oft war es so, dass Aussiedler aus den ehemaligen Ostgebieten nach der Zuwanderung und Ausstellung des deutschen Passes auch einen Wohnberechtigungsschein erhielten. Ich erinnere mich an ein älteres Ehepaar, den ich bereits die sechste Wohnung angeboten hatte.

Alle angebotenen Wohnungen sagten dem Paar aber nicht zu. Also hatte ich noch eine siebte Wohnung aus dem Bestand herausgesucht. Sie war sogar etwas größer als den beiden rechtlich zugestanden hätte, aber die Raumzahl stimmte immerhin. Im Erdgeschoss gelegen, mit direktem Zugang zum Gemeinschaftsgarten und in einer schönen Gegend.

Das Ehepaar stand nach der Wohnungsbesichtigung wieder bei mir im Büro und die Frau erklärte mir mit dem üblichen Akzent: „Na Cherr Gardan. Wohnung ist sähr scheen, aber Kieche ist viel zu klain. Haus in Polen war viel scheener".

Da ist mir dann leider ein „Dann fahren Sie doch wieder nach Hause" herausgerutscht. Ich wollte es nicht laut sagen, aber ich war in dieser Situation so verdammt wütend.

Ich habe mich dann sofort entschuldigt, denn so etwas darf man natürlich nicht sagen. Sie waren auch nicht sauer und haben die Entschuldigung sofort akzeptiert.

Zu guter Letzt hat ihnen die nächste Wohnung gottlob zugesagt. Ob es auch an meinem dummen Spruch lag? Ich weiß es nicht. Die Kollegen haben mich aber netterweise noch wochenlang damit aufgezogen.

Ein anderes Mal hatte ich ein junges Pärchen bei mir, das Sozialhilfe bezog. Auch diesen hatte ich eine schöne Wohnung angeboten und wollte einen Besichtigungstermin vereinbaren. Das Pärchen diskutierte und dabei sagte der Mann dann immer wieder, dass er zu diesem und jenem Termin nicht könnte, da er arbeiten müsse. Es dauerte länger, bis wir einen einvernehmlichen Termin fanden, an dem beide konnten.

Nun wird man als Mitarbeiter der Stadt hellhörig, wenn jemand einen Sozialhilfebescheid vorlegt, dann aber keinen Termin wahrnehmen kann, weil er arbeiten muss. Nachdem das Pärchen wieder gegangen war, griff ich direkt zum Hörer und fragte bei meinem Bruder Martin, der damals beim Sozialamt in Hamborn arbeitete, nach. Dort war keine Erwerbstätigkeit des Mannes bekannt.

Im Ergebnis wartete auf das Pärchen am Ende eine Anzeige wegen der Erschleichung von Sozialleistungen und ein Strafverfahren. Sozialhilfebetrug ist tatsächlich kein Kavaliersdelikt.

Das erinnert mich auch an die Aussage einer Bürgerin gegenüber meiner damaligen Ehefrau, die im Bürgerservice arbeitete. Die Dame brauchte eine neue Steuerkarte für die Arbeit, weil sie ihre alte Karte verloren hatte. Als sie die Gebühr für die Ausstellung einer weiteren Steuerkarte bezahlen sollte, legte sie ihren Sozialhilfebescheid vor. Sie wollte die Karte kostenlos bekommen. Auf die Frage, ob Sie denn die Arbeit beim Sozialamt angegeben habe, erklärte sie: „Nein, ich bin doch nicht doof."

Tja, was soll ich sagen. Auch hier wurden die Sozialleistungen noch am selben Tag eingestellt und ein Ermittlungsverfahren wegen Sozialleistungsbetrug eingeleitet.

Man fragt sich manchmal, für wie dumm die Menschen die Mitarbeiter im öffentlichen Dienst eigentlich halten?

§ 78 DIE FACHHOCHSCHULE FÜR ÖFFENTLICHE VERWALTUNG

Während meiner Zeit beim Wohnungsamt in Hamborn erhielt ich die Gelegenheit, mich für das Studium an der Fachhochschule zu qualifizieren. 1999 war es dann so weit, dass ich meine zweite Ausbildung bei der Stadt in Form eines Studiums zum Diplom-Verwaltungswirt absolvieren durfte.

Das Besondere an dem Aufstieg aus dem Mittleren Dienst in den Gehobenen Dienst ist, dass man als sogenannter Aufstiegsbeamter während der Ausbildung nicht die Anwärter-Bezüge erhält, sondern das Gehalt nach seiner bisherigen Eingruppierung. Und das war erheblich mehr, als die Anwärter erhielten.

Wenn ich heute die Studenten an der Hochschule stöhnen höre, die ihren Bachelor of Laws (LL.B.) absolvieren müssen, bin ich froh, dass ich das alles hinter mir habe! Unser Studium zum Diplom-Verwaltungswirt war noch wesentlich entspannter.

Bei Klausuren kam es zu unserer Zeit schon einmal vor, dass die Aufsichtsperson mal kurz den Raum verlassen musste, dann später erst anklopfte und kurz wartete, bevor sie den Prüfungsraum wieder betrat. Aber das hat natürlich nie jemand von uns zum Fuschen ausgenutzt… niemals.

An der Fachhochschule, die damals noch in einer alten Grundschule untergebracht war, wurden Beamte der Polizei und verschiedener Kommunen ausgebildet. Unser Kurs bestand aus Kommunalbeamten der Städte Duisburg, Düsseldorf, Mülheim und Oberhausen. Wir hatten weniger „echte" Vorlesungen als eher Unterricht wie eben in einer Schule.

Allerdings gab es auch Dozenten, die ohne ihr Buch, keinen Unterricht machen konnten. So fiel öfter mal der Unterricht zum Bürgerlichen Recht aus, weil Herr Busse sein von ihm selbst geschriebenes Buch vergessen hatte und von uns hatte natürlich „zufällig" auch niemand das Buch dabei. Ohne sein Buch konnte er aber keine Vorlesung abhalten.

Also packte er alles wieder ein, verabschiedete sich und ging wieder nach Hause. Wir freuten uns, hatten wir doch dann eine Freistunde.

Es gab natürlich auch ganz andere Dozenten. Wenn ich da an den Kollegen Massmann denke. Als ehemaliger Richter konnte der Mann das Bürgerliche Recht nach dem Bürgerlichen Gesetzbuch (BGB) fast ausnahmslos aus dem Kopf rezitieren. Und er hatte immer schöne Beispiele, die sich einprägten.

Genau wie er und auch mein Vater damals, versuche ich heute, den eher trockenen Stoff des Vergaberechts und der Korruptionsvorbeugung mit lustigen und einprägsamen Anekdoten zu füllen. Lachen hilft nämlich auch beim Lernen, insbesondere dann, wenn man den Lernstoff mit lustigen Beispielen verbindet. Aber dazu später mehr.

Es war eine schöne Zeit an der Fachhochschule, die ich nicht missen möchte. Wir haben immer viel zu lachen gehabt. Oft denke ich noch heute: „Wärst Du damals doch einfach durch die erste Prüfung gefallen, dann hättest Du noch ein Jahr dranhängen können".

Auf der anderen Seite bin ich heute mehr als froh, dass ich das ganze hinter mir habe und wer weiß, wie mein Weg in der Stadtverwaltung dann verlaufen wäre.

§ 79 BÜRGERSPRECHSTUNDE

An der Fachhochschule mussten wir im Dualen Studium natürlich auch verschiedene Ausbildungsämter durchlaufen. Mir wurde die „Ehre" zu Teil, einen Abschnitt bei unserer damaligen Oberbürgermeisterin absolvieren zu dürfen.

Ich wurde im Bereich eingesetzt, wo die Reden für die verschiedensten Termine und Anlässe der Oberbürgermeisterin und der Bürgermeister geschrieben wurden.

Eine weitere Aufgabe bestand darin, die Bürgersprechstunde, die einmal im Monat stattfand, zu organisieren und durchzuführen. Man muss festhalten, dass hier so manche lustige Vorsprache erfolgte.

Ob es die Mitarbeiterin war, die die Bürgersprechstunde dazu nutzte, sich bei der „Chefin" zu beschweren, dass Sie zu wenig zu tun habe, oder der Bürger, der die Briefumschläge der Stadt für Knöllchen nicht „geschmackvoll" fand.

Bei einer Sprechstunde Anfang Oktober sprach ein Schausteller vor, der nach etlichen Jahren diesmal keinen Platz auf dem Weihnachtsmarkt zugeteilt bekommen hatte. Er beschwerte sich über die Platzvergabe und dass er nach so vielen Jahren nun plötzlich keinen Platz mehr bekommen habe.

Unsere Oberbürgermeisterin hörte sich sein Problem sehr interessiert an und versprach dem Mann, sich dafür stark zu machen, dass er doch noch einen Platz bekommen werde. Da die Vergabe der Stellplätze aber durch eine städtische Gesellschaft, die Duisburg Marketing erfolge, konnte sie ihm nicht abschließend zusichern, dass er einen Platz erhalten werde. Aber sie sicherte ihm nachzufragen.

Dann beging der Mann aber einen folgenschweren und unverzeihlichen Fehler. Er bedankte sich zunächst überschwänglich bei ihr und dann folgte der Satz, den er besser unterlassen hätte. Ich rezitiere aus dem Gedächtnis:

„Danke, danke, danke. Das ist sehr freundlich. Eine Frage habe ich aber noch: Wer waren Sie nochmal?", fragte er unsere Oberbürgermeisterin.

Man konnte sehen, wie die Farbe aus ihrem Gesicht entwich und sie ihm mit kurzen und knappen Worten erklärte, dass Sie die Oberbürgermeisterin der Stadt Duisburg sei.

Mein Kollege und ich mussten uns sehr zusammen nehmen um nicht schallend laut zu lachen.

Man verabschiedete sich und der Herr verließ den Raum. Etwas später, nach Beendigung der Bürgersprechstunde verließ unsere Oberbürgermeisterin auch den Raum und ich hörte sie noch murmeln „Wer waren sie nochmal? Wer waren sie nochmal?".

Ob der Herr im Nachgang einen Platz bekommen hat oder nicht, habe ich nicht mehr erfahren. Meine Ausbildungseinsatz im Rathaus war kurze Zeit später beendet.

§ 80 DER ILLEGALENBEREICH

Nach meinem Studium an der Fachhochschule für öffentliche Verwaltung und dem Erwerb des Diploms wurde ich im August 2001 im sogenannten „Illegalen Bereich" bei der Ausländerbehörde an der Musfeldstraße eingesetzt.

Und anders als z. B. bei der Stadtkasse hat man sich hier bis zur Abteilungsleiterin geduzt. Lediglich unseren Amtsleiter haben die meisten gesiezt. Aber das Du galt hier ab dem ersten Tag und eben nicht nur beim jährlichen Kegeln.

Ich war mit den Kollegen Hirte und Neffen zusammen zuständig, über den weiteren Aufenthalt von illegal eingereisten Ausländern zu entscheiden. Man kann darüber denken, wie man will, aber die Gesetze wurden und werden nicht von uns gemacht. Wir waren nur zuständig, diese Gesetze durchzusetzen. Dabei haben wir alles darangesetzt, jeden zunächst als „Menschen" zu sehen und so human, wie es möglich war, mit ihnen umzugehen.

Man muss wissen, dass die Mitarbeiter des Ordnungsamtes fast vollumfänglich dieselben Befugnisse wie die Polizei in NRW haben. Hinzukommt, dass anders als bei der Polizei nicht die Staatsanwaltschaft einen Durchsuchungsbeschluss- oder einen Haftantrag stellt, sondern die Sachbearbeiter der Ausländerbehörde eigenständig dafür zuständig waren bzw. sind.

Das führte manchmal zu solch Kuriositäten, dass die Kollegen der Polizei bei uns angefragt haben, ob wir einen Durchsuchungsbeschluss beantragen könnten, weil der Staatsanwalt ihnen diesen abgelehnt habe. Wenn der Verdacht bestand, dass sich dort illegale Ausländer, deren Pässe oder andere Hinweise auf den Aufenthalt von Illegalen befinden, haben wir das natürlich gemacht. Wir hatten ein sehr gutes Verhältnis zum Präsidenten des Amtsgerichtes, sodass wir beim leisesten Verdacht in der Regel den Beschluss bekamen.

Die Zusammenarbeit zwischen uns und den Kollegen der Polizei funktionierte ebenfalls prächtig. Wir haben mit den Kollegen öfter Razzien durchgeführt, sowohl im Rotlichtmilieu als auch zur Bekämpfung der Schwarzarbeit und des Drogenhandels.

Hier darf ich natürlich nicht zu viel verraten, insbesondere weil es um Menschen und insbesondere deren Schicksale ging. Aber es gab natürlich auch Situationen, die man erzählen kann und muss.

§ 81 DUISBURGS NEXT TOPFMODEL

Eines Mittags im Jahr 2003 kam unsere Abteilungsleiterin, Ursula Nachfrau in mein Büro und forderte mich auf ihr zu folgen.

Mir schwante nichts Gutes, aber als guter deutscher Beamter folgte ich natürlich einem „Befehl". Unterwegs machte ich mir dann aber doch Gedanken, „Was könnte ich falsch gemacht haben?"

Wir gingen in die 3. Etage des Hauses und meine Fragen auf dem Weg: „Wo gehen wir hin?", „Was willst Du von mir?" und „Muss ich mir Sorgen machen?" wurden nicht beantworten. Was mich stutzig hätte machen sollen, war das Täschchen in ihrer Hand. Es handelte sich dabei aber nicht um eine Handtasche, sondern eher um eine kleinere Version einer Sporttasche.

Wir standen vor dem Büro unserer Kollegin aus dem Vorzimmer, Pauline Freud und sie forderte auch Pauline auf, uns zu folgen.

Wir betraten das Büro einer Kollegin auf diesem Flur, die aktuell wohl im Urlaub war. Dort forderte mich Ursula auf, auf der einen Seite des Schreibtisches Platz zu nehmen und Pauline auf der anderen. Ich sollte dann ein Schriftstück an Pauline reichen und Pauline sollte es in Empfang nehmen.

Da dämmerte mir, was das Geheimnis der Tasche enthielt: Einen Fotoapparat. Ursel wollte „mal eben" Fotos von uns machen, denn das Briefkopf des Ordnungsamtes brauchte neue Fotos. Warum sie gerade mich als „Model" ausgesucht hatte, ist mir bis heute schleierhaft. Bei Pauline konnte ich es verstehen, jung und hübsch. Aber bei mir? Ich war doch eher nur „und", maximal als Topfmodel am Herd zu gebrauchen. Aber wahrscheinlich wollte Sie mit dem Foto eher eine abschreckende Wirkung erzielen.

Tatsächlich prangten unsere Konterfeis bis vor Kurzem noch auf den Briefköpfen des Ordnungsamtes.

Erst im Jahr 2022 wurden wieder einheitliche Kopfbögen für die gesamte Verwaltung eingeführt. Bis zu diesem Zeitpunkt hatte jedes Amt, jeder Fachbereich, teilweise jede Abteilung eines Amtes eigene Kopfbögen.

Aber immerhin hatte ich später immer schnell ein Foto aus meiner Zeit beim Ordnungsamt parat. Und soooo schlecht sah das Foto dann gar nicht aus auf den Kopfbögen.

§ 82 BEREITSCHAFTSDIENST

Mittlerweile waren der Kollege Hartmut Hirte und ich allein im Bereich. Der Kollege Neffen hatte eine besser bezahlte Stelle im Ordnungsamt angenommen.

Das war für uns eine ziemliche Belastung, zumal die Obergerichte damals zum § 128 Strafprozessordnung (StPO) über die Definition des Begriffes der „Unverzüglichkeit" neu entschieden hatten.

Bis dahin war es gängige Praxis, dass jemanden maximal 48 Stunden ohne richterliche Anordnung in Gewahrsam genommen werden konnte. Diese Möglichkeit wurde nun durch die neue Rechtsprechung und Definition stark eingeschränkt.

Unverzüglich bedeutet laut Legaldefinition „ohne schuldhaftes Zögern". Hierzu entschieden die Richter nun entgegen dem Wortlaut des § 128 StPO, dass ein zur Tagzeit (also i.d.R. zwischen 4:00 Uhr morgens und 21:00 Uhr abends) vorläufig Festgenommener noch am selben Tag dem Haftrichter vorzuführen ist und nicht erst spätestens am Folgetag. Da hat etwas mit der Abwägung der Grundrechte gegen das öffentliche Interesse zu tun, aber das auszuführen würde jetzt zu weit führen.

Ich möchte die Entscheidung in keinster Weise kritisieren. Ich halte sie für vollkommen richtig und nachvollziehbar. Uns hat sie das Leben aber schwerer und stressiger gemacht. Das ändert natürlich nichts an der Richtigkeit.

Vor der Entscheidung hatten wir beide im Wechsel jedes zweite Wochenende Bereitschaftsdienst. Nun mussten wir plötzlich auch noch jeden Werktag bis 21 Uhr in Bereitschaft bleiben.

Während also die anderen Kollegen der Verwaltung spätestens gegen 16 Uhr in den wohlverdienten Feierabend gehen konnten, mussten wir im Wechsel damit rechnen, bis spätestens 20 Uhr noch angerufen zu werden, um über den weiteren Aufenthalt von aufgegriffenen illegalen Ausländern zu entscheiden.

Tatsächlich ereilte mich wenige Tage später ein Anruf der Kollegen der Polizei, dass man einen LKW mit 17 illegalen Ausländern aufgegriffen hätte. Zum Glück riefen die Kollegen bereits um 16:05 Uhr an. Ich war noch im Büro und nicht schon zuhause.

Also fuhr ich zum Polizeipräsidium und konnte tatsächlich alle 17 noch am selben Abend, mit der Auflage Asylanträge zu stellen, entlassen. Es war ein langer Arbeitstag, der in dieser Form Gott lob nur selten vorkam.

§ 83 DER MOND IST AUFGEGANGEN

Eines Tages haben wir anonyme Hinweise erhalten, dass ein von uns zur Fahndung ausgeschriebener Ausländer sich bei seiner Frau in der Wohnung aufhalten solle. Der Durchsuchungsbeschluss lag schnell per Fax vor und zusammen mit den Kollegen der Kriminalpolizei sind wir noch am selben Abend zur Wohnung gefahren.

Die Ehefrau erklärte uns beim Eintreffen, dass sie ihren Mann seit Monaten nicht gesehen habe. Wir händigten ihr den Beschluss aus und begannen mit der Durchsuchung der Wohnung. Ihr Mann war tatsächlich nicht aufzufinden. Wir hatten wirklich alles auf den Kopf gestellt. Er war scheinbar wirklich nicht da.

Hartmut wollte, während ich die Ehefrau weiter zu ihrem Ehemann befragte, eine Zigarette rauchen gehen. Da wir in der 5. Etage eines Hochhauses waren, ging er nicht nach unten, sondern stellte sich auf den Balkon und schloss die Balkontür. Es sollte ja kein Qualm in die Wohnung ziehen.

Aus dem Augenwinkel sah ich, wie Hartmut sich zur Seite drehte und das Feuerzeug wegen des Windes mit der einen Hand abdeckte, um seine Zigarette zu entzünden. Er zog an der Zigarette und fing plötzlich stark an zu husten. Er winkte mir hektisch zu, dass ich kommen sollte und grinste dabei.

Ich folgte ihm also auf den Balkon und er zeigte stumm auf den Tisch, der auf dem Balkon stand. Ich sah hin und wäre vor Lachen fast umgefallen.

Uns leuchtete ein Maurerdekolleté erster Güte entgegen. Für diejenigen die den Begriff nicht kennen… es hockte jemand auf allen Vieren unter dem Tisch und die Tischdecke sollte ihn bedecken. Tatsächlich ragte aber der Po des Gesuchten unter der Tischdecke hervor und die Hose hatte sich nach unten und das Hemd leider nach oben gezogen. Man sah also fast seinen kompletten nackten Po inklusive der beiden Pobacken, was dann eben einem Dekolleté ähnelt.

Mir lag das Kinderlied auf der Zunge „Der Mond ist aufgegangen…". Ich konnte mich gerade noch so beherrschen, es anzustimmen. Die Kollegen der Polizei haben den Gesuchten dann mit ins Präsidium genommen.

Wieder im Auto haben wir erst einmal schallend lachen müssen. Natürlich nicht über den Gesuchten oder sein Schicksal, sondern über die Situation, die ja dann doch urkomisch war.

Die Vorführung beim Haftrichter erfolgte noch am gleichen Tag und aufgrund der Fahndungsausschreibung war die Verhandlung schnell erledigt und der Gesuchte kam in Abschiebungshaft.

Zur Abschiebung kam es dann aber nicht, weil die Staatsanwaltschaft ihm weitere Straftaten, wie räuberische Erpressung und schwere Körperverletzung anlastete. Er wurde später zu einer mehrjährigen Haftstrafe verurteilt.

§ 84 RAZZIA IM ROTLICHTMILIEU

Mittlerweile war ein Kollege, Frank van Amsel, aus der Stadtverwaltung Dinslaken wieder zu uns gestoßen. Er hatte die Ausbildung damals mit mir zusammen gemacht, dann den Dienstherren gewechselt und nun war er zurück in Duisburg.

Wie erwähnt, haben wir immer wieder mit den Kollegen der Polizei Kontrollen durchgeführt. Bei einem Einsatz wurde die Einsatzhundertschaft der Polizei dazu eingesetzt, das gesamte Bordell-Viertel zu umstellen, während die Kollegen der Kriminalpolizei und der Stadt die Prostituierten und die Kunden kontrollierten. Wir ließen uns also von allen Personen die Pässe mit Aufenthaltsnachweisen vorlegen.

Während die Kollegen der Polizei eher nach Personen Ausschau hielten, die per Haftbefehl gesucht wurden, Drogen mit sich führten oder mehrfach straffällig wegen Zwangsprostitution in Erscheinung getreten waren, haben wir nach Personen gesucht, die sich unerlaubt im Bundesgebiet aufhielten.

Es wurden natürlich alle Zimmer kontrolliert, auch die die verschlossenen waren. In einem verschlossenen Zimmer fanden wir wie erwartet nach Öffnung durch den Verwalter niemanden an.

Allerdings lag eine noch qualmende Zigarette im Aschenbecher am Fenster. Also haben wir auch unter dem Bett und im Bad nachgesehen. Niemand zu sehen.

Ein Kollege rappelte am Kleiderschrank, aber auch dieser war abgeschlossen. Das wirkte zunächst nicht verdächtig, aber als wir dann aber gerade das Zimmer verlassen wollten, hörte ein Kollege ein Geräusch. Wir gingen zurück und ich klopfte an den Kleiderschrank. „Guten Tag. Kommen Sie doch bitte heraus. Wir wissen, dass Sie da sind. Wir warten so lange bis sie herauskommen und ja, wir haben Zeit".

Wir warteten, dann hörten wir ein Klicken und die Tür des Schrankes öffnete sich. Eine junge Dame entstieg dem Schrank. Nachdem sie uns ihren Ausweis gezeigt hatte und mit diesem alles in bester Ordnung war, fragte ich sie, warum sie sich versteckt hatte. Sie antwortet, dass sie Angst hatte, dass ihr Mann etwas erfahren könnte. Er wusste nicht von ihrem „Nebenverdienst".

Wir notierten uns, dass die Kleiderschränke in diesem Etablissement von innen verriegelt werden konnten! Diese Info gaben wir an die Kollegen weiter, damit nun und zukünftig auch alle Schränke kontrolliert wurden.

An einem anderen Zimmer klopften wir an und warteten, dass geöffnet wurde. Ich muss hinzufügen, dass wir mit sechs Kollegen des Ordnungsamtes dort standen. Alle trugen Dienstkleidung mit der Aufschrift „Ordnungsamt", Gürtel mit großer Taschenlampe, Handschuhe, Handschelle usw.

Die Tür öffnete sich, die Dame schaute uns an und bot mit sehr plastischen Worten die Vielfallt ihre Dienstleistungen für 30,- Euro an. Wir antworteten: „Ihr Pass würde uns schon reichen."

Auch hier verlief die Kontrolle negativ, allerdings wurde ihre Ansprache zum „running gag" bei den Kollegen. Überall wo einer von uns im Büro auftauchte, wurden wir mit den ausführlichen Details ihrer Angebote begrüßt.

§ 85 BESUCH IN DEN ILLEGALEN WETTBÜROS

Meine große Schwester Ute war zu dieser Zeit Sachgebietsleiterin im Ordnungsamt Mitte und u.a. zuständig für Glücksspiel und Gaststätten.

Im Rahmen der Zusammenarbeit im Ordnungsamt (ich saß mit meinen Kollegen ja in der Zentrale, damals noch in der Musfeldstraße, heute ist unser altes Verwaltungsgebäude zu einem modernen Hotel umgebaut worden) haben wir eines Tages mit den Kollegen die Kontrolle von illegalen Wettbüros vorbereitet.

Unter Einbindung der Kriminalpolizei, der Einsatzhundertschaft, der Verkehrsbetriebe DVG und der verschiedenen Abteilungen und Sachgebiete des Ordnungsamtes wurde dann eine groß angelegte Razzia in Hochfeld anberaumt.

Um mit einem größeren Aufgebot an Einsatzkräften unbemerkt in die Nähe zu gelangen, wurde durch die DVG vor dem ausgesuchten Lokal eine Ausweichhaltestelle eingerichtet und der Verkehr für ein paar Tage wegen einer fiktiven Baustelle an der normalen Haltestelle umgeleitet.

Besonders war dieser Einsatz auch, weil unser damaliger Dezernent, Jürgen Feuer, ebenfalls mit uns vor Ort sein wollte. Rückblickend muss man feststellen, dass er sich aber vollkommen im Hintergrund gehalten und nicht „gestört" hat. Oft neigen „Chefs" ja dazu, das Heft an sich zu reißen und alles durcheinander zu wirbeln.

Am Abend des Einsatzes fuhren wir also mit einem DVG-Bus, vollbesetzt mit den Kollegen der Einsatzhundertschaft, unserem Dezernenten und einigen Kollegen des Ordnungsamtes u.a. mit uns (Frank, Hartmut, meiner Schwester Ute und mir) an der Gaststätte vor.

Die Polizei rückte mit Maschinengewehren im Anschlag im Galopp aus dem Bus in die Gaststätte vor, um das Szenario vor Ort „einzufrieren". Das bedeutet, dass die Kollegen der Polizei dafür Sorge tragen sollen, dass jeder Anwesende im Lokal stehen und sitzen bleibt und auch alles stehen und liegen gelassen wird, wo und wie es beim Eintreffen der Beamten war. Man kann es sich im übertragenen Sinn vorstellen, wie ein Standbild, wenn man bei einem Film auf „Pause" drückt.

Als die Lage sicher war, rückten dann die Kollegen des Ordnungsamtes nach um u.a. die Pässe der anwesenden, meist ausländischen Personen zu kontrollieren. Hier lag unser Augenmerk u.a. auf der Prüfung der Pässe und Aufenthaltstitel auf Echtheit. Genau hierfür hatten wir über unseren Laptop Zugriff auf die Datenbank mit den bekannten Fälschungen und der Fälschungs- bzw. Sicherungsmerkmalen aller Pässe dieser Welt.

Oft haben Pässe eines Landes versteckte kleine Fehler, die gewollt sind und von Fälschern schnell übersehen bzw. in Fälschungen „korrigiert" werden. Das kann ein fehlender Punkt bei einer Aufzählung sein, ein Schreibfehler eines bestimmten Wortes im Vordrucktext oder ähnliches. Fälscher sind Pedanten und korrigieren meist diese Fehler unbewusst, woran man dann wiederum mit einem geübten Blick die Fälschung erkennen kann. Und das kam erheblich häufiger vor als man denkt.

Aber hier gab es eine Art Wettstreit zwischen den Fälschern und den kontrollierenden Beamten. Wir haben zwar viele Fälschungen erkannt, aber mit Sicherheit nicht alle.

§ 86 MULMIGES GEFÜHL DANACH

Es war ein normaler Arbeitstag, nichts Besonderes hatte sich ereignet. Wir hatten mal wieder mehrere Hinweise auf illegale Ausländer erhalten und einer der Hinweise schien uns ganz plausibel zu sein. Also haben wir beim Amtsgericht einen Durchsuchungsbeschluss beantragt und wollten dann in den nächsten Tagen mal nachsehen.

Da der Beschluss aber schon nach kurzer Zeit bei uns per Fax einging, haben wir überlegt, ob wir noch am selben Tag oder erst in den nächsten Tagen rausfahren. Irgendwie entschieden wir uns dann aber doch dazu, es noch am selben Tag zu erledigen. Es war ja immerhin noch eine Stunde bis Dienstschluss.

Also schnappten Hartmut und ich uns einen Dienstwagen und fuhren zu der angegebenen Adresse. Dort öffnete uns ein Mann, der gebrochen deutsch sprach. Gefragt nach seinen Ausweispapieren erklärte er, dass er keine habe. Wir überlegten kurz ob wir die Wohnung durchsuchen oder mit ihm direkt zur Polizei fahren sollten.

Mittels Telebild (so nennt man die Abfrage zur Überprüfung der Fingerabdrücke und der Fotos) würde man vielleicht schneller wissen, wer er ist.

Wir erklärten ihm also, dass wir ihn leider mit zur Polizei nehmen müssten, zur Identitätsfeststellung, außer er könne uns doch noch seinen Ausweis zeigen. Er verneinte wieder. Da er mehr als kooperativ war, verzichteten wir auch auf Handschellen und ähnliches.

Wir haben ihn dann in unseren Dienstwagen gesetzt und sind mit ihm zum Polizeipräsidium gefahren. Dort haben wir ihn im Gewahrsam (hierbei handelt es sich um ein Gebäude mit Zellen, aber nicht um ein Gefängnis im eigentlichen Sinne) abgegeben.

Im Gewahrsam werden die vorläufig festgenommenen Personen kurzfristig aufgenommen, bis die Identitätsnachweise vorliegen oder Haft angeordnet wird.

Wir haben uns noch kurz bei den Kollegen im Präsidium gemeldet, um die Formalitäten zu erledigen. Ziemlich entspannt sind wir zurück ins Büro gefahren und haben Feierabend gemacht.

Am nächsten Tag waren wir zu einer Besprechung wieder bei den Kollegen der Kripo. Als wir in den Raum des Kollegen Tiefs kamen, musste er grinsen. Mein Kollege und ich sahen uns an. „Warum lachst Du, Andreas?", fragte ich. Sein Grinsen wurde breiter. „Ich wollte mich bei euch bedanken. Der Mann, den ihr uns gestern gebracht habt, wird in Frankreich unter anderem wegen zweifachem Mordes per Haftbefehl gesucht."

Ich glaube Hartmut und ich wurden von jetzt auf gleich aschfahl und uns fiel sprichwörtlich die Kinnlade herunter. Der nette Mann sollte ein mutmaßlicher Mörder sein? Und wir waren so einfach allein, ohne Polizei zur Wohnungsdurchsuchung gefahren und hatten auf Handschellen verzichtet?

Da mussten wir doch mehrfach und heftig schlucken. Wer weiß was hätte passieren können. Wir hatten einfach Glück. Ab da sind wir kaum noch ohne die Kollegen der Kripo zu Durchsuchungen und Festnahmen gefahren.

§ 87 UFF, ICH ERGEBE MICH

Den Satz „Ich ergebe mich" haben Kollegen bei der Polizei sicher schon öfter gehört, die Kollegen bei der Ausländerbehörde wohl eher weniger. Ich habe diesen Satz in der ganzen Zeit nur einmal gehört und soweit mir bekannt ist, auch die anderen Kollegen nur dieses eine Mal.

Dazu muss ich, ähnlich wie mein Vater es auch schon oft in seinen Berichten getan hat, die Räumlichkeiten beschreiben.

Wir saßen zu dieser Zeit noch im Ordnungsamt an der Musfeldstraße in der 1. Etage. Meine damalige Ehefrau Tanja arbeitete im Asylbereich, ich wie erwähnt, im Illegalen-Bereich.

Unsere Büros des Illegalen-Bereiches lagen auf der linken Seite, die Büros des Asylbereiches auf der rechten Seite des Treppenhauses und die Flure waren mit Glastüren zum Treppenhaus, wo sich auch die Aufzüge befanden, hin abgegrenzt. Die Büros hatten jeweils eine Tür zum Flur und Verbindungstüren zu den Nachbarbüros. Das Büro meiner Ex-Ehefrau lag zum Treppenhaus hin, daher gab es auch nur eine Verbindungstür.

Bei ihr sprach ein ausreisepflichtiger, abgelehnter Asylbewerber vor, der sich der Abschiebung schon mehrfach durch Untertauchen entzogen hatte. Sie erklärte dem Mann, sie müsse eben seine Akte aus einem anderen Büro besorgen.

Die Akte befand sich auch tatsächlich in einem anderen Büro, meine Frau nutzte aber die Gelegenheit auch, um mich anzurufen. Sie teilte mir mit, dass da jemand in ihrem Büro sei, den wir festnehmen müssten. Sie nannte noch den Namen des Gesuchten.

Sie kehrte mit der Akte zurück und verwickelte den Herren in ein Gespräch.

Hartmut und ich schnappten unsere Sachen, zogen Handschuhe an und hatten die Handschellen griffbereit am Gürtel. Wir alarmierten die Kollegen des Außendiensts, dass wir den Gefangentransporter sowie zwei Kollegen gleich wegen einer Festnahme benötigen würden.

Ich postierte mich, derweil wir auf die Kollegen vom Außendienst warteten, vor der Flurtür und der Kollege Hirte vor der Verbindungstür zum anderen Büro. Die Kollegen vom Außendienst waren damals im Mercedes-Haus untergebracht und brauchten zwei bis drei Minuten, um zu uns zu kommen.

Bevor sie eintrafen, flog plötzlich die Bürotür auf und der Mann stürmte aus dem Büro. Er hatte wohl etwas mitbekommen. Er schubste mich zur Seite und da er mich überrascht hatte, gelang ihm dies auch. Ich bin zwar nicht der größte, aber aufgrund meines Gewichtes bin ich nun nicht gerade der, den man mal eben so beiseitedrängt. Ich bin auch nicht gerade der Schnellste, deshalb weiß ich auch nicht mehr ganz genau wie es ablief. Es ging alles unfassbar schnell.

Der Mann stürmte aus dem Büro und musste die Glastür zum Treppenhaus öffnen. Er gelangte bis ins Treppenhaus, als ich ihn zu fassen bekam, ihn zu Fall brachte und mich dann auf ihn warf. Wir lagen nun beide vor den Aufzügen. Er zuunterst und ich auf seinem Rücken.

Meine Brille war mir im kurzen Handgemenge heruntergefallen und lag zerbrochen auf dem Boden. Ich versuchte mit meinen Händen seine Handgelenke zu fassen zu bekommen, lag dabei aber mit meinem Gewicht weiter auf seinem Rücken.

Dann fiel der legendäre Satz:

„Uffff, ich ergebe mich. Ich bekomme keine Luft mehr", presste er mit letzter Kraft und erstickender Stimme hervor

Klar, ich lag mit meinem Astralkörper mitten auf seinem Rücken in Höhe seiner Brust. Ich war in dem Moment verwundert, dass er noch so viele Worte mit seiner erstickenden Stimme sagen konnte.

Ich legte ihm noch schnell Handschellen an, bevor ich mich erhob. Zwischenzeitlich waren auch die Kollegen vom Außendienst und Hartmut aus dem Nachbarbüro da, die Kollegen führten den Mann ab. Er wurde dem Polizeigewahrsam zugeführt und wir stellten einen Haftantrag.

Meine Brille klebte ich notdürftig mit Tesafilm wieder zusammen. Zuhause hatte ich noch eine Ersatzbrille.

Aber egal wo ich in den nächsten Wochen auftauchte, sprangen die Kollegen immer einen Schritt zurück und riefen: „Uff, ich ergebe mich", wobei das UFF immer sehr gepresst gerufen wurde. Schön, wenn man den Kollegen mit solchen Kleinigkeiten eine Freude machen kann.

Nach Schadensmeldung und Tathergangs-Beschreibung wurde meine Brille dann durch meinen Dienstherren ersetzt. Bis ich eine neue Brille hatte, musste die Ersatzbrille herhalten.

§ 88 ALTE BEKANNTE

Oft passierte es, dass wir bei einer Kontrolle alte Bekannte wieder trafen. Ob es der wegen hunderter Straftaten ausgewiesene und mehrfach abgeschobene Niederländer war, der nach der Abschiebung dann gefühlt schneller vom Grenzübergang in Elten wieder in Duisburg war als wir. Oder der Mann aus dem Senegal, den wir bereits mehrfach abgeschoben hatten und der immer wieder auftauchte.

Aber auch außerhalb Duisburgs traf man manchmal auf alte Bekannte. Ich war seit einem halben Jahren nicht mehr bei der Ausländerbehörde, sondern in Elternzeit.

Eines Tages war ich mit meinen Kindern beim Arzt in Moers. Während ich im Wartezimmer saß, starrte mich ein Mann direkt an. Das war unangenehm und ich sprach ihn dann ein paar Minuten später an. „Sorry, aber was starren Sie mich bitte so an?" Er antwortete: „Sind Sie nicht Herr Garden? Von der Ausländerbehörde in Duisburg?" und grinste dabei.

Nun bin ich kein ängstlicher Mensch, aber irgendwie macht man sich natürlich sofort Gedanken, was dieser Mensch von einem will. Dennoch bestätigte ich seine Frage positiv.

„Hallo Herr Garden." Er stand auf, schüttelte mir die Hand und sagte, „Sie haben mich vor 2 Jahren abgeschoben. Ich wollte nur sagen: Ich bin wieder da".

Ich dachte sofort „Jetzt gibt es was aufs Maul." Stattdessen sah er mich freudig an und schüttelte mir nochmals die Hand. „Ich wollte mich nochmal bedanken, dass Sie damals, trotz der Umstände, immer nett und freundlich zu mir waren".

Dass sich jemand mal bedanken würde, dass wir ihn abgeschoben haben, hatte ich mir nicht träumen lassen. Wir haben uns dann noch ein paar Minuten unterhalten, ehe meine Kinder zum Arzt hereingerufen wurden.

Wir haben uns nett verabschiedet. Ich weiß leider bis heute nicht mehr, wer er war und wann wir ihn abgeschoben hatten.

§ 89 DAS STANDESAMT

Als meine Söhne (Zwillinge) zwei Jahre alt wurden, habe ich wie angedeutet ein Jahr Elternzeit genommen. Ich wollte möglichst viel von dieser ersten Zeit mitbekommen.

Meine Ex-Frau, damals selbst auch Beamtin in Duisburg, ging dafür wieder arbeiten.

Ich bereue keine Sekunde, diese Zeit mit meinen Kindern verbracht zu haben.

Es war eine der schönsten Zeiten meines Lebens, auch wenn ich klar feststellen muss: Arbeiten gehen ist entspannter und weniger anstrengend. Hochachtung für jede Mutter und Hausfrau dieser Welt!

Während also ich auf unsere Kinder aufgepasst und den Haushalt geschmissen habe, war meine Frau wieder arbeiten. Sie bekam eine Stelle im Standesamt im Duisburger Norden und wurde Standesbeamtin.

Während dieser Zeit wurde sie wieder schwanger, sodass die Geburt unserer Tochter fast zeitgleich auf das Ende der Elternzeit fiel.

Meine alte Stelle beim Ausländeramt war natürlich mittlerweile neu besetzt, sodass ich dahin nicht zurückkehren konnte. Aber die Stelle meiner Frau war ja jetzt gerade frei. Also klärten wir mit dem Personalamt den Wechsel zum Standesamt ab.

Ich bekam im Juli 2007 die Stelle und wurde Standesbeamter. Das war schon immer mein Traum und es war auch definitiv der schönste Job, den ich in meiner Zeit bei der Stadt jemals gemacht habe. Ich freute mich sehr.

Um Standesbeamter sein zu dürfen, muss jeder neue Standesbeamte nach Bad-Salzschlirf ins „Haus des Standesbeamten". Hierbei handelt es sich um die zentrale Ausbildungseinrichtung für Standesbeamte in Deutschland. In einem 14-tägigen Ausbildungslehrgang werden einem die wichtigsten Dinge über das Personenstandsrecht in Deutschland vermittelt.

Das ist auch notwendig, denn ein Standesbeamter kann bei einem Fehler z.B. jemanden „versterben" lassen.

Zwar nur auf dem Papier, aber derjenige wird dann bei der Sozialversicherung, der Rentenkasse, evtl. der Bank, Versicherungen usw. als verstorben angezeigt. Und diesen Fehler kann der Standesbeamte nicht selbst beheben! Der „noch Lebende" muss sich von einem Richter bestätigen lassen, dass er noch lebt, damit sein „Tod" rückgängig gemacht werden kann.

Die Zeit beim Standesamt war wunderschöne. Am schönsten war es natürlich Eheschließungen vornehmen zu können. Auch die Geburtenanmeldung war schön und manchmal auch spaßig, meistens aber leider auch nervenaufreibend.

In Duisburg nehmen nicht die Krankenhäuser die Anmeldung vor, sondern die Eltern. Vereinzelt erschienen die Mütter oder das Paar gemeinsam, meist aber nur die Väter.

Da hat man dann alles dabei: Von depressiven Vätern, die unter Schock stehen, über Väter, die so froh und stolz sind, dass sie 1,8 Promille zur Beruhigung brauchten, bis hin zum aufgeregten Vater, der am ganzen Leib zittert und kaum ein Wort vor Nervosität herausbekommt.

Am spannendsten war meist die Frage nach dem Vornamen des Kindes, auch wenn es in den letzten Jahren immer weniger vorgekommen ist, dass ein Name abgelehnt wurde.

Heute werden gefühlt fast alle Namen zugelassen. Man muss aber wissen, dass ein Standesbeamter frei in seiner Entscheidung ist.

Niemand, selbst der Oberbürgermeister persönlich als oberster Dienstherr kann einen Standesbeamten anweisen, etwas zu beurkunden. Dies kann lediglich ein Familienrichter in einem Gerichtsverfahren mit Beschluss.

Also, ob der Name zugelassen wird oder nicht, entscheidet der Standesbeamte, u.a. auch nach dem Kindeswohl. Es gibt Namen, die offiziell auf dem Index stehen und damit nicht beurkundet werden dürfen. So z. B. der Vorname „Luzifer". Das fand ich immer schade, denn ich persönlich finde den Namen richtig schön. Übersetzt bedeutet der Name „Lichtbringer / Lichtträger". Es ist der Name eines Engels. Das später der Teufel aus dem Engel wurde, ändert doch nichts daran, dass der Name schön ist.

Oft entbrannte unter den Eltern, wenn Sie denn beide zur Anmeldung erschienen, eine Diskussion über die Schreibweise. Insbesondere bei der Schreibweise mit Bindestrich muss der Standesbeamte die Eltern aufklären. Denn durch den Bindestrich wird aus den zwei Vornamen rechtlich ein einziger Vorname, was bedeutet, dass in allen offiziellen Schreiben beide Vornamen auftauchen.

Wenn man aber dieselben beiden Vornamen ohne Bindestrich beurkunden lässt, kann sich das Kind daraus seinen späteren Rufnamen aussuchen. Wenn das Kind also z.B. Karl Werner ohne Bindestrich beurkundet wird, kann der Sohn sich später Karl oder Werner nennen. Nur der Rufname taucht dann z.B. im Personalausweis auf.

In der Geburtsurkunde stehen natürlich weiter alle Namen. Wird aber Karl-Werner beurkundet, dann bleibt es offiziell bei Karl-Werner.

Mit einem Elternpaar habe ich, bzw. eigentlich die beiden untereinander, mindestens eine halbe Stunde vor mir diskutiert, ob ihre Tochter nun Jana-Marie mit oder ohne Bindestrich heißen soll.

Das Ergebnis hat mich dann doch überrascht.

Die Frau (sie wollte unbedingt den Bindestrich!) sagte zu ihrem Mann: „Und was hältst Du von Larissa?" Der Mann bekam große Augen und nickte begeistert.

Endlich hatten sie sich geeinigt! Zwar auf einen ganz anderen Namen, aber wenigstens ohne Bindestrich.

§ 90 TERMINFINDUNGSSTÖRUNG

Die Anmeldungen der Eheschließungen wurden normalerweise von zwei anderen Kolleginnen vorgenommen. Eines Tages war aber keine der beiden Kolleginnen anwesend und ich übernahm die Anmeldung.

Das Pärchen war seit mehreren Jahren zusammen, hatten eine gemeinsame Firma und viel Verwandtschaft, insbesondere im Ausland. Da sie schon zum Vorgespräch bei einer Kollegin waren, hatten sie tatsächlich alle erforderlichen Unterlagen dabei.

Danach haben Sie sich länger darüber unterhalten, welches Stammbuch sie denn nehmen sollten. Nach 10 Minuten hatten Sie dann ein schönes ausgewählt, alle Gebühren der Eheschließung und die Kosten für das Stammbuch gezahlt.

Nun ging es darum einen Termin zu finden, wann Sie denn heiraten könnten. Am ersten Termin konnte er nicht, am nächsten Sie nicht, da konnten ihre Eltern nicht, da sein Erbonkel aus Finnland nicht, da ihre Tante aus Spanien nicht, da seine Eltern nicht usw. usw. Das Ganze ging so weit, dass wir innerhalb eines Zeitfensters von sechs Monaten keinen passenden Termin gefunden haben.

Damit wäre dann aber die Anmeldung wieder hinfällig gewesen. Die Eheschließung muss innerhalb von sechs Monaten nach Anmeldung erfolgen, sonst erlischt die Anmeldung und muss man alles wieder neu beantragen und bezahlen.

Ich schaute beide an und sagte: „Da gibt es nur eine Lösung: JETZT haben Sie doch offenbar beide Zeit. Wie sieht es aus, wollen Sie jetzt heiraten?".

Die Frau sah ihren Bräutigam an, der Bräutigam sie. Er drehte sich zu mir um und fragte, „Ist das ihr Ernst?" Ich nickte.

Sie schauten sich beide tief in die Augen, dann nickten beide ebenfalls.

„Dann nehmen Sie bitte kurz draußen Platz. Ich lüfte eben den Trausaal und ziehe mich um", sagte ich. Gesagt getan. Etwa 20 Minuten später gingen die beiden als rechtmäßig verbundene Eheleute aus dem Trausaal. Das dürfte eine große Überraschung für die Familien gewesen sein.

Ich habe noch viele skurrile Situationen erlebt.

Ob es nun ein Brautpaar war, dass in Flipflops, ohne Gäste, dafür aber mit vollen Aldi-Tüten zu ihrer Trauung erschienen, um danach alleine bei McDonalds feiern zu gehen.

Ob es der Trauzeuge war, der immer wieder während der Trauung zum Bräutigam sagte: „Tu es nicht! Tu es nicht!" Oder das Pärchen, dass zum 8. (in Worte ACHTEN) Mal heiratete,…. Also immer wieder dieselben zwei Personen.

Am schönste und festlichsten muss ich sagen, waren meist die türkischen Eheschließungen. Da platzte dann unser Trausaal auch aus allen Nähten, sodass teilweise die beiden Türen zum Flur offen stehen blieben, damit alle Gäste die Trauung miterleben konnten.

Für diese Trauungen habe ich mir extra von einem türkischstämmigen Mitarbeiter zumindest die Begrüßung ins türkische übersetzen lassen. Oft war es nämlich so, dass viele der Gäste kaum ein Wort deutsch sprachen und teilweise extra für die Hochzeit aus fernen Ländern angereist waren.

Die Dankbarkeit der Menschen war überwältigend, wenn ich sie dann wenigstens auf Türkisch begrüßte. Oft kamen die Eltern des Brautpaares mit der Oma und der Uroma usw. nach der Trauung zu mir, um sich mit Händeschütteln, einem freundlichen Blick und einem Nicken zu bedanken.

Diese Begrüßung kann ich heute noch auswendig. Und ich muss diese auch immer wieder mal Vortragen, wenn ich bei Freunden in der Türkei bin. Das gibt dann immer ein Gejohle und Geklatsche.

§ 91 AMBIENTE-TRAUUNG

Ein anderes Paar hatte eigentlich eine „Ambiente-Trauung" im Zoo gebucht. Die Eheschließung sollte im Elefantenhaus stattfinden. Leider erkrankte die Verlobte aber kurz vor dem Eheschließungstermin, sodass sie erst Wochen später heiraten konnten. Beim neuen Termin war das Elefantenhaus aber wegen Umbauten geschlossen.

Das Paar entschied sich daher dann doch in unserem schlichten Trausaal in Hamborn zu heiraten. Ich erfuhr zwei Tage vor der Eheschließung, dass ich die Trauung übernehmen sollte und von dem missglückten Versuch im Zoo zu heiraten.

In der Mittagspause fand ich in einem 1,-Euro Laden (die damals in Duisburg überall aus dem Boden sprießten) eine Packung mit Zoo-Tieren aus Plastik. Im Nu habe ich eine Packung Tiere gekauft und abends mit meinen Jungs aus Pappe, Kleber und Farben einen Zoo gebastelt. Diesen habe ich dann auf dem Trautisch so arrangiert, dass das Brautpaar den „Zoo" gut sehen konnte.

Das Thema der Traurede war dann natürlich auch u.a. der Zoo. Die Braut war zu Tränen gerührt und die Eheleute haben sich nach der Trauung noch mehrfach herzlich bedankt.

Es war wirklich eine sehr, sehr schöne Zeit im Standesamt und ich möchte sie auch definitiv nicht missen. Schön war es natürlich auch, wenn man Bekannte oder Kollegen trauen durfte. Da wurde einem dann auch schnell selbst warm ums Herz.

Für Lacher konnte man immer sorgen. Am einfachsten wenn Braut oder Bräutigam mehrere Vornamen hatten. Denn den Heiratseintrag müssen die Brautleute mit allen Ihren Vornamen unterschreiben. Das höchste an das ich mich erinnern kann, waren sieben Vornamen der Braut.

Da brauchte der eine oder die andere schon einmal eine Vorlage zum Abschreiben, denn wer unterschreibt schon sonst mit allen Vornamen.

Ich erklärte dann den Anwesenden: „Bitte haben Sie nun Geduld und wahren Sie Ruhe! Frau XYZ muss sich nun konzentrieren. Es sind immerhin sieben Vornamen und sie muss nun mit allen und auch noch in der richtigen Reihenfolge unterschreiben. Hinzukommt, dass sie ja seit jetzt nicht mehr ABC sondern XYZ heißt und nun auch erstmals mit diesem Nachnamen unterschreiben muss. Falls jemand zur Toilette muss, wäre jetzt die beste Gelegenheit."

Meist gab es dann lautes Gelächter, Anfeuerungsrufe und Aufzählungen der Namen.

Oder man erklärte den Anwesenden, was der Begriff EHE bedeutet. Manche meinen ja, es wäre die Abkürzung für „Erare humanum est", also für „Irren ist Menschlich". Tatsächlich leitet sich das Wort aber von dem altgermanischen Wort Aiwae ab, das sich später zum althochdeutschen Wort Ewa wandelte und Gesetz bzw. Ewigkeit bedeutete.

So konnte man dann ein bisschen Wissen in der Traurede vermitteln und gleichzeitig eine Überleitung auf die Ewigkeit der Ehe und die Bedeutung des Satzes „Das Leben miteinander teilen" herstellen.

Die Zeit beim Standesamt ging viel schneller zu Ende als gedacht. Tatsache war nun einmal, dass ich jetzt Vater von drei Kindern und die Stelle nicht besonders hoch bewertet war. Leider gab es hier auch keine Aufstiegschancen.

§ 92 DIE EIGENBETRIEBSÄHNLICHE EINRICHTUNG

Ich hielt in den internen Stellenausschreibungen Ausschau nach einer besser bezahlten Stelle.

Im April 2010 wurde eine Stelle in der schon erwähnten eigenbetriebsähnlichen Einrichtung „Einkauf und Service Duisburg", kurz ESD, frei. Obwohl die Stelle höher dotiert war, hatte ich Bedenken aufgrund des negativen Feedbacks über das Betriebsklima. Vieles was man so hörte, insbesondere über die Chefin, war nicht gerade positiv.

Trotzdem war ich entschlossen, alles für meine Kinder zu tun und bewarb mich erfolgreich um die Stelle. Ich sollte schon bald merken, das an manchen Gerüchten doch mehr dran ist, als man denkt.

Stutzig machte mich schon, dass beim Vorstellungsgespräch noch Frau Lutz die Bereichsleiterin des Einkaufs war, als ich dann aber zum Auswahlgespräch vier Wochen später erschien, war da jemand anderes auf der Stelle, ein Herr Noelscher.

Wie ich erst später erfuhr, hatte sich die zuständige Bereichsleiterin kurz zuvor mit der Chefin in der Tiefgarage gestritten und wurde daraufhin noch am selben Tag auf eine andere Stelle in der Stadtverwaltung versetzt, weit weit weg vom ESD.

Im Nachhinein betrachtet, war der Wechsel für mich genau die richtige Entscheidung. Ich vermisse zwar die Zeit als Standesbeamter auch heute noch, aber wenn ich damals nicht gewechselt hätte, hätte ich vermutlich auch keine Karriere mehr machen können.

Die Betriebsleiterin, hatte wohl leider öfter die dienstliche Kreditkarte mit ihrer Privaten verwechselt und so auf Kosten der Stadt ihre neuen Autoreifen, Dessous und vieles mehr finanziert. Das fanden das Rechnungsprüfungsamt, das Personalamt, sowie Polizei und Staatsanwaltschaft nicht ganz so spaßig, sodass die Dame kurze Zeit später aus dem Dienst entfernt wurde.

Ende 2013 wurden wir als eigenbetriebsähnliche Einrichtung aufgelöst und wieder dem Hauptamt zugeordnet.

§ 93 CHARMANTES FETTNÄPFCHEN

Nach einem Gastspiel in der Memelstraße und im Mercedes-Haus sind wir im Jahr 2018 in die recht modernen Räumlichkeiten im Hansator gezogen. Wir haben dort, in der 11. Etage, einen wunderschönen Rundumblick über Duisburg.

Jeder der Duisburg nur aus den alten Tatort-Sendungen oder generell aus den Nachrichten kennt, denkt, hier stehen nur Hochöfen an Hochöfen und Bergwerk an Bergwerk. Tatsächlich ist Duisburg aber ziemlich grün.

Bei gutem Wetter kann man hier weit bis in die Nachbarstädte sehen. Selbst die Flugzeuge im Landeanflug auf den Flughafen Düsseldorf sind deutlich zu erkennen.

Wir waren also gerade ein paar Wochen eingezogen, als eine Kollegin in mein Büro kam. „Sag mal Christian, ich habe dein Profilbild bei Whatsapp gesehen. Von wann ist denn das?" fragte sie. „Das ist ein Bild aus der Ausbildung zum Stadtassistenten. Das ist meine Klasse, muss so 1990 oder 1991 gewesen sein", antwortete ich.

„Und wer bist Du da auf dem Bild?", fragte Sie weiter. „Na rate doch mal", sagte ich. Sie vergrößerte das Bild auf ihrem Smartphone und grübelte.

„Der da unten links mit der Brille?", fing sie an zu raten. „Nein, das ist der Kollege Schnellstadt. Den kennst Du doch auch", entgegnete ich.

„Hmmmm, dann bist Du gar nicht auf dem Bild?", fragte sie. „Doch, bin ich. Guck richtig", erwiderte ich. Als sie mich offensichtlich nicht erkennen konnte, zeigte ich auf meine Person auf dem Bild.

Sie sah mich verdutzt an und es brach aus ihr heraus: **„Och, Du sahst ja auch mal gut aus**. Hätte Dich nie erkannt".

Ich musste mal wieder feststellen, dass es der lieben und herzlichen Kollegin unabsichtlich gelungen war, mit einer Art von „Kompliment" mir eins voll auf die Zwölf zu geben.

Sie überlegte kurz, weil ich so laut lachen musste. Dann dämmerte ihr, was sie da gesagt hatte, und sie versuchte sich herauszureden. Sie machte es mit jedem Wort aber nur noch schlimmer.

Seither muss sie damit leben, dass ich bei jeder sich bietenden Gelegenheit ihr diesen Spruch immer wieder aufs Butterbrot schmiere.

Das „Kompliment" war aber auch einfach zu schön!

§ 94 NEBENAMTLICHER DOZENT

Wie auch schon mein Vater (siehe § 45), wurde ich 2014 gebeten, unsere Auszubildenden zu unterrichten. Allerdings nicht im Fach Polizei- und Ordnungsrecht, sondern im äußerst spannenden Fach „Beschaffung und Vergabe". Ja, das ist wirklich sehr spannend. Ok, für Insider kann es das tatsächlich sein. Für Außenstehende ist es eher so interessant, wie eine Vorlesung aus dem Telefonbuch.

Also musste ich mir von Anfang an Gedanken machen, wie ich das Ganze etwas spannender gestalte. Ich kann natürlich schlecht beurteilen, ob es mir tatsächlich gelungen ist, aber ich denke tatsächlich ja, da ich meist positive Rückmeldungen von meinen Schülern bekommen habe. Und zwar auch NACH der Notenvergabe!

Weniger spannend, aber witzig kann zum Beispiel sein, was die EU sich mit den sogenannten CPV-Codes hat einfallen lassen. Aus der eigentlich guten Idee, jeden Beschaffungsgegenstand mit einer Zahlenfolge zu belegen, damit jeder Wirtschaftsteilnehmer sofort an dieser Nummer erkennen kann, um was es sich handelt, wird manchmal aber eher eine Farce. Die Nummernfolge wird in jede europäische Sprache übersetzt. Man muss sich das so vorstellen das z.B. der CPV-Code 15332296-5 im Deutschen „Erdbeerkonfitüre", im englischen „Strawberry Jam" oder im Italienischen „Marmellata di fragole" bedeutet.

Ein Hersteller von Erdbeerkonfitüre aus Portugal kann also anhand des CPV-Codes erkennen, dass hier eine Ausschreibung für die Beschaffung von Erdbeerkonfitüre vorliegt.

Aber irgendwann ist da wohl was schiefgelaufen bei der Vergabe der Nummern.

Für Marmeladen und Konfitüren mehrerer Geschmacksrichtungen gibt es einen eigenen Code, immerhin elf. Für Feuerwehrfahrzeuge allerdings nur vier, wobei allein 25 verschiedene Fahrzeuge nur in Deutschland in DIN-Normen festgelegt sind. Und selbst das sind eben nur die genormten Fahrzeuge. Viele Feuerwehren haben Spezialfahrzeuge, die sonst keiner oder nur wenige haben, die keiner DIN-Norm unterfallen.

Und es gibt z.B. den CPV-Code 03141000-1. Wer es nicht glaubt, kann gerne mal Tante Google befragen. Ansonsten habe ich es hier mal spannend gemacht: Einfach mal die Buchstaben, die ich in den nächsten Sätzen fett markiert habe, in der Reihenfolge lesen. Dann nochmal lesen, ob das auch wirklich stimmt und bestimmt dann doch googlen. Aber ja! Selbst dafür gibt es einen eigenen CPV-Code.

Außerdem frage ich mich, wann man davon soooooo viel **B**ra**U**cht, dass man den aktue**LL**en Wert ab d**E**m ma**N** überhaupt die CPV-Codes nutzen muss, überschreitet. Dieser liegt im Jahr 2023 bei 215.000,- EUR (ohne Umsatzsteuer). Da mus**S** man schon viele **P**otenziell**E** **R**indviecher zu**M** Befruchten h**A**ben. Ok, der Satz war jetzt konstruiert, aber ich brauchte ein P ;-)

Mit sowas kann man die Aufmerksamkeit der Auszubildenden auf das Thema lenken. Oder man erzählt immer wieder auch mal kurze Anekdoten, um das Ganze aufzulockern. Am Ende muss man nur erreicht haben, dass sie die Grundprinzipien des Vergaberechtes verstanden haben.

Außerdem zwingt das Thema „Vergaberecht" automatisch dazu, sich auch mit dem Thema Korruption zu beschäftigen. Nicht umsonst steht das Kartellrecht im gleichen Gesetz, wie das europäische Vergaberecht. Das Kartellrecht bildet den ersten Teil des Gesetzes gegen Wettbewerbsbeschränkungen und das Vergaberecht den Zweiten.

Das Thema Korruption ist im öffentlichen Dienst ein sehr brisantes Thema, da ein Verstoß für Mitarbeiter der öffentlichen Verwaltung härter bestraft wird als in der freien Wirtschaft. Deshalb hat der Gesetzgeber dafür auch eigene Paragrafen im Strafgesetzbuch geschaffen.

Mein Vater hat in „§ 39 Wochenmärkte" das Thema „Trinkgeld" ja schon einmal angesprochen.

Dabei hat er erwähnt, dass Trinkgelder in der freien Wirtschaft normal sind, z. B. auch beim Pflegepersonal. Nun muss man sich leider wieder vor Augen führen, dass das Klinikpersonal tatsächlich aber im öffentlichen Dienst beschäftigt ist. Krankenhäuser sind in der Regel öffentlich-rechtlich organisiert.

Hier erfüllt jeder Mitarbeiter, der ein Trinkgeld oder ein Geschenke annimmt, den Tatbestand der Vorteilsnahme im Amt.

Bekanntheit hat im Jahr 2011 der Fall einer Lehrerin erlangt, die von den Eltern der Schüler, die sie betreute, ein Geburtstagsgeschenk erhielt. Wer es nachlesen möchte, u.a. im Spiegel erschien ein Artikel dazu, den man bei Google mit der Suche „Loriot Figur Lehrerin" finden kann.

Kurzfassung: Die Lehrerin erhielt ein Geschenk, eine Loriot-Figur im Wert von ca. 200,- Euro. Ein Vater, selbst Schulleiter, zeigte sie an. Die Staatsanwaltschaft stellte fest: der Straftatbestand der Vorteilsnahme im Amt ist erfüllt, die Lehrerin wurde zwar nicht zu einer Gefängnisstrafe verurteilt, aber sie erhielt einen Strafbefehl in Höhe von 4.000,- Euro.

Jetzt kann man sich die Frage stellen: Warum? Es war doch ein Geschenk als Dank dafür, dass sie die Kinder so gut betreut und unterrichtet hat. Da ist es doch normal „Danke" zu sagen!

Stimmt. Es ist normal, aber nicht alles was normal ist, ist auch erlaubt. Die Lehrerin wird aus Steuermitteln vom Staat genau dafür bezahlt, die Kinder vernünftig zu betreuen und sie zu unterrichten. Und obwohl sie genau dafür bezahlt wird, hat sie etwas angenommen, was ihr rechtlich nicht Zustand. Sie hat dies nur bekommen, weil sie genau das getan hat, wofür sie vom Staat bezahlt wird.

Am Rande sei nur erwähnt, dass auch die Eltern, die das Geschenk übergeben haben, sich wegen Vorteilsgewährung strafbar gemacht haben. Hier wurden aber die Ermittlungsverfahren wegen Geringfügigkeit eingestellt, auch weil man nicht nachvollziehen konnte, welche Eltern wieviel für die Loriot-Figur gegeben haben.

Deshalb halte ich es persönlich mit einem alten Witz: „Als Beamter darf man nichts annehmen, nicht einmal Vernunft!"

Unterrichten macht sehr viel Spaß, aber ähnlich wie bei meinem Vater wird es langsam neben dem eigentlichen Job zu viel. Das Arbeitsaufkommen ist seit 2014 erheblich gestiegen. Meine Abteilung besteht aktuell aus rund 150 Menschen, um die ich mich sehr gerne kümmern darf.

Irgendwann muss man Abstriche machen, denn auch ich werde nicht jünger. Und meine Mitarbeiter liegen mir nun einmal besonders am Herzen.

§ 95 DIE MODULARE QUALIFIZIERUNG

Die Laufbahngruppen im öffentlichen Dienst in NRW wurden 2016 neu sortiert und der Gesetzgeber hat geänderte Voraussetzungen für den Zugang zum ehemaligen höheren Dienst geschaffen.

Generell benötigt man nun einen Masterstudiengang oder zumindest die erfolgreiche Teilnahme an der modularen Qualifizierungsmaßname. Da ich keinen Masterabschluss habe und auch kein Studium mehr absolvieren wollte, habe ich mich für die Qualifizierung beworben und wurde auch direkt für den Kurs 2016 zugelassen.

In 40 Ganztagsveranstaltungen haben wir dann, ähnlich wie bei Vorlesungen an der Uni, Themen behandelt, die man mehr oder weniger für seinen weiteren Werdegang braucht.

Seien wir mal ehrlich, ein Drittel kannten wir schon, ein weiteres Drittel war und ist für die Arbeit vollkommen irrelevant und das letzte Drittel war interessant, hätte man sich aber auch selbst aneignen können. Dennoch war es keine sinnlose Veranstaltung, denn für die tägliche Arbeit in Führungspositionen war ein anderer Faktor entscheidend. Die Kontakte zu anderen Führungskräften und die Verbundenheit als Leidensgenossen in der Qualifizierungsmaßname.

Dinge, die man ohne diese Kontakte umständlich schriftlich über drei Ecken klären lassen müsste, klärt man jetzt mit einem Anruf.

Es ist halt etwas anderes, ob sich zwei Abteilungsleiter unterschiedlicher Ämter über ihre Amtsleiter und Dezernenten um ein Thema streiten, oder man sich kurz anruft und vielleicht auf ein Bier abends trifft um solche Themen „auf dem kurzen Dienstweg" aus dem Weg zu räumen.

Der kurze Dienstweg ist oft der beste und fast immer der effektivste.

Wir saßen fast immer in einer U-Form und meist auch alle auf demselben Platz wie die Woche zuvor. Wenn sich dann doch mal jemand auf den „falschen" Platz setzte, war das Maulen groß.

Einige Veranstaltungen waren so spannend, dass man durchaus mal dem Sitznachbarn den Ellenbogen in die Seite drücken musste, weil die Schnarchgeräusche zu laut wurden, oder man selbst einen Ellenbogen mitbekam.

Am schönsten waren die Veranstaltungen um die Weihnachtszeit, da wir die Räume unseres Zentrums für Fortbildung auf der Königstraße in Duisburg nutzten. In der Mittagspause trafen sich die meisten von uns dann zuerst am Grillstand, um

Spießbraten mit Kruste zu essen und danach am Glühweinstand. Nach ein oder zwei Bechern waren manche Vorlesungen besser zu überstehen.

§ 96 BEAMTE HABEN AUCH HOBBYS

Mit einem sehr guten Freund und Kollegen, dem Amtsleiter für Bezirkliche Angelegenheiten, Jörg Frost habe ich zusammen ein schönes Projekt umgesetzt. Jörg hatte vor Jahren der Tochter eines Freundes eine Geschichte erzählt und sie hatte ihm danach das Versprechen abgerungen, dass er sie als Buch veröffentlicht.

Im Urlaub auf Mallorca hat er bei einer Lesung den bekannten Buchautor Werner R.C. Heinecke kennengelernt. Die beiden unterhielten sich nach der Lesung und Jörg erzählte ihm davon, dass er auch mal eine Geschichte aufgeschrieben habe.

Er erzählte sie ihm und Werner war begeistert. Er hat ihm geraten, diese unbedingt als Buch zu veröffentlichen, allerdings fehlten diesem Kinderbuch die passenden Bilder.

Nun wusste Jörg, dass eines meiner Hobbys das Zeichnen ist.

Er rief direkt am gleichen Abend noch aus dem Urlaub bei mir an und fragte, ob ich nicht Lust hätte, zu der Geschichte ein paar Zeichnungen zu entwerfen. Er schickte mir den Manuskript-Entwurf per Mail.

Gesagt, getan und kurze Zeit später konnte ich ihm schon die ersten Entwürfe per Whatsapp schicken.

Da es ein Ausmal-, Vor- und Selbstlesebuch werden sollte, hatte ich die „kleine" Aufgabe mal schnell über 30 Bilder passend zu der Geschichte zu zeichnen.

Es war eine sportliche Aufgabe, aber sie hat wirklich Spaß gemacht.

Mittlerweile gibt es das Buch in deutscher, englischer und auch türkischer Sprache im Buchhandel und wir arbeiten an einem Folgeprojekt.

Allerdings wird es noch etwas dauern, da wir beide dienstlich stark eingebunden sind (und ich ehrlich gesagt dieses Buch hier auch zuerst fertig haben wollte 😊).

Für den Fall, liebe Leser, dass es Sie interessiert: hier die ISBN-Nummern der drei Ausgaben ;-)

Deutsche Ausgabe:
Anatol und der Zauberelch
ISBN: 978-3-752-66130-0

Englische Ausgabe:
Anatol and the magic moose
ISBN: 978-3-756-24809-4

Türkische Ausgabe:
Anatol ve sihirli sığın geyiği
ISBN: 978-3-756-24798-1

Am Ende bleibt eigentlich nur noch einmal festzuhalten und ich hoffe Sie stimmen uns spätestens jetzt unvoreingenommen zu:

Beamte sind auch nur Menschen!